BONIFATIUS

Mit Caren Benedikt, Sabine Ebert, Heidrun Hurst,
Iny Lorentz, Carmen Mayer, Heidi Rehn, Juliane Stadler

TANJA KINKEL (Hg.)

REICHENAU

INSEL DER GEHEIMNISSE

BONIFATIUS

Für Ulf Schiewe

„Mögest fröhlich du gedeihen,
Stets dem Willen Gottes folgend,
Daß die Reichenau man selig
Preisen mög' und ihre Söhne."[1]

Walahfrid Strabo
Abt des Klosters Reichenau (842-849 n. Chr.)

Chronologie

724	Der Wandermönch Pirminius gründet ein Kloster auf der Insel Reichenau
849	Walahfrid Strabo, Dichter, Botaniker, Diplomat und Abt der Reichenau, ertrinkt in der Loire

Das Gottesurteil – Richardis und Karl III. ....S. 17

862	Richardis heiratet Kaiser Karl III.
888	Karl III. stirbt und wird auf der Reichenau beerdigt; der Zerfall des Karolingerreichs beginnt

Confiteor .... S. 45

909	Hatto III., mächtigster Abt der Reichenau und Regent des fränkischen Reiches, besucht zum letzten Mal die Reichenau

Morcheln im Winter und der sehr große Fisch ...... S. 67

965-968	Die Reichenauer Malerschule unter Anno auf ihrem Höhepunkt; der Gero-Codex entsteht

Ein freier Geist ....S. 89

1054	Hermann Contractus, der Stephen Hawking des Mittelalters, stirbt; die Blütezeit der Reichenau geht allmählich zu Ende

Falsch Zeugnis............S. 107

1088-1123　Amtszeit des Abts Udalrich von Dapfen und seiner Fälscherwerkstatt

Adelindis und die toten Äbte der Reichenau..........S. 117

1135/36　Die Äbte Ludwig von Pfullendorf und Udalrich von Zollern werden innerhalb eines Jahres ermordet

Der gestohlene Schrein............S. 137

1228　Kardinallegat Otto besucht in päpstlichem Auftrag die Reichenau, um die kirchliche Disziplin wiederherzustellen

Der Konstanzer Fischerkrieg............S. 161

1366　Mangold von Brandis, Cellerar des Klosters, lässt den Fischer Mattheus blenden

Die Weinprobe............S. 175

1426-1428　Durch den Streit zwischen den Äbten Friedrich von Zollern und Heinrich von Hornberg schrumpft die Reichenau auf nur zwei Mönche, bis Papst Martin V. den Reformabt Friedrich von Wartenberg einsetzt

Exorzismus............S. 197

1540　Markus von Knörigen verkauft das Kloster an den Bischof von Konstanz; damit ist die Reichenau keine unabhängige Reichsabtei mehr

*„Reichenau, grünendes Eiland,
wie bist du von andern gesegnet,
Reich an Schätzen des Wissens und heiligem Sinn
der Bewohner, Reich an des Obstbaums Frucht
und schwellender Traube des Weinbergs: Immerdar
blüht es auf dir und spiegelt im See sich die Lilie.
Weithin schallet dein Ruhm bis ins neblige Land
der Britannen."*[2]

Ermenrich von Ellwangen
XI. Bischof von Passau (866-874 n. Chr.)

Vorwort

Anno Domini 724

Krieg und Zerfall überall. Das oströmische Reich bekriegt sich mit den Arabern, die Araber untereinander, die fränkischen Königreiche Westeuropas befehden sich ohnehin und die zivilen Hinterlassenschaften der Römer – gefestigte Straßen, regelmäßige Handelsbeziehungen, einheitliche Währung – sind längst dahin. Gleichzeitig ist es eine Zeit des Neubeginns, der oft genug von Wandermönchen ausgeht: Bonifatius gründet Fritzlar – und der geheimnisvolle Pirminius, dessen Herkunft bis heute nicht geklärt ist, gründet auf der Insel Reichenau im Bodensee ein neues Kloster.

Lange bleibt Pirminius nicht dort, er hat noch viele weitere Klöster zu gründen. Die Gemeinschaft aber, die er ins Leben gerufen hat, wächst und gedeiht. Nur drei Generationen später, zur Zeit Karls des Großen, gehört die Reichenau zu den bedeutendsten Klöstern des karolingischen Reiches. Die Bücher, die in ihrer Schreibstube geschaffen wurden, bewundern wir heute in Museen. Die Fresken an den Wänden der erhaltenen Kirchen auf der Insel sind so lebendig, als hätten die Maler erst vor ein paar Jahren ihre Gerüste abgebaut.

Ihre herausragende Stellung hatte ihren Grund: Die Abtei Reichenau und ihr Abt unterstanden nicht dem Bistum Konstanz, sondern als Reichsabtei nur Kaiser und Papst. Während mehr und mehr Ländereien Eigentum der Abtei wurden, stieg auch die Macht der Äbte als Fürsten; auf wessen Seite sie standen, konnte entscheidend für den Mann auf dem Kaiserthron sein.

In den 1300 Jahren, die seit der Gründung des Klosters Reichenau vergangen sind, war die Reichenau oft genug Schlüsselort und Spiegel der Weltereignisse. Und sie war und ist eine Quelle der Geschichten. Es waren Menschen, die auf der und um die „selige Insel", wie sie von ihren Mönchen genannt wurde, gelacht, getrauert, gekämpft und geliebt haben – und von diesen Menschen möchten wir Ihnen erzählen:

Dazu gehören die Bauern und Fischer, die für das Kloster arbeiteten, und die von *Iny Lorentz* und *Heidi Rehn* ins Zentrum ihrer Geschichten gestellt werden. Wer heute die Weinberge und Obstplantagen der Reichenau sieht, die auch jetzt noch den Reichtum der Insel ausmachen, kann sich leicht vorstellen, wie begehrt dieses fruchtbare Land war – und wie umstritten. Oft genug tauchen Bauern und Fischer nur als Namen in Rechnungsbüchern auf, obwohl ohne sie keine 1300 Jahre möglich gewesen wären. Welche Schicksale sich hinter diesen Namen verbergen, das malen zwei unserer Autorinnen aus.

Zur Geschichte der Reichenau gehören natürlich auch Konfrontationen mit der Nachbarschaft. Die Abtei St. Gallen, etwa gleichalt wie die Reichenau und basierend auf einem Entwurf aus der Reichenau gebaut, war langjährige Rivalin der „seligen Insel", bis sie diese endgültig überflügelte. Von einer durch einen der Beteiligten – dem Sprachgelehrten Notker Labeo – selbst überlieferten Anekdote aus den Jahren des Wettkampfes um Gelehrsamkeit und Ansehen erzählt mit einem Augenzwinkern *Sabine Ebert* in ihrer Geschichte „Morcheln im Winter und der sehr große Fisch".

Während Sabine Eberts Geschichte in einem Jahrhundert der Blüte für beide Abteien angesiedelt ist, stammt *Carmen Mayers* Kurzgeschichte um den „Konstanzer Fischerkrieg" aus der Zeit des Niedergangs; die Fehde zwischen dem Kloster und den Konstanzer Bürgern forderte Menschenopfer, und diese Menschen stellt Carmen Mayer in den Mittelpunkt.

Zu den 1300 Jahren Reichenau gehören auch die Besucher von außerhalb, die auf der Reichenau Schicksalsstunden erlebten, wie die Kaiserin Richardis und ihr Gemahl Karl III. in *Heidrun Hursts* Geschichte. Das Grab Karls III. befindet sich noch heute im Münster St. Maria und Markus auf der Insel. Doch die Geschichte von dem Skandal, der die Ehe von Richardis und Karl beendete, von der Entscheidung, die Richardis treffen musste, sie wurde ebenso wie die letzten Karolinger lange vergessen und wird hier neu zum Leben erweckt.

So hohen Standes wie Richardis waren jedoch bei Weitem nicht alle Besucher. Oft genug waren es die Angehörigen anderer Klöster, so wie in *Carmen Mayers* Geschichte die kluge und gewitzte Nonne Adelindis, der es bei ihrem Aufenthalt noch dazu gelingt, eines der düstersten Klostergeheimnisse aufzudecken: die Morde an nicht einem, sondern gleich zwei Äbten kurz hintereinander.

Und schließlich sind es die Mönche selbst, die wir in den Geschichten kennenlernen: Mönche wie den legendären Hermann Contractus, den Stephen Hawking des Mittelalters, ein Erfinder, Mathematiker und Dichter, dessen kühner Geist an einen lebenslang schwerstbehinderten Körper gebunden war. Von ihm erzählt *Caren Benedikt*.

Ein ganz anderes Kaliber ist Udalrich von Dapfen, der Abt, in dessen Amtszeit die Schreibstube der Reichenau unglaubliche Fälschungen hervorbrachte. Was es mit ihnen auf sich hat und warum sie für die Reichenau auf einmal so nötig wurden, das erfährt man in der Geschichte von *Juliane Stadler*.

Apropos Äbte: Der mächtigste Abt in der langen Geschichte der Reichenau war zweifellos Hatto (der I. und III., je nachdem ob man ihn als Abt oder Erzbischof von Mainz zählt), der zeitweise sogar die Regentschaft für den Kindkaiser Ludwig führte. Die Reichenau ohne Hattos Hinterlassenschaften wie St. Georg in Oberzell ist undenkbar. Aber war diese Anhäufung von Macht auch gut für die Insel – und für Hatto? Diese Frage beschäftigt ihn *in meiner Geschichte* „Confiteor", die während seines letzten Besuches auf der Reichenau angesiedelt ist.

Wenn Hatto der mächtigste aller Äbte war, so besteht keine Frage, wer als der erbärmlichste aller Äbte der Insel gilt: der letzte Reichsabt, Markus von Knöringen. Selbst in der Spätzeit des Klosters gab es noch mehrere engagierte Reformversuche, um die Inselgemeinschaft noch einmal zur alten Größe zu erwecken. Markus von Knöringen ist mit dafür verantwortlich, dass sie letztlich scheiterten. Aus der Perspektive des Priors Georg Dietz, einer jener Mönche, die sich dem „Knöringer" in den Weg stellten, *schildere ich ihn* und das Ende der Reichenau als unabhängiges Kloster in „Exorzismus".

Doch auch wenn die Reichenau von da an ein Kloster unter vielen als Teil des Bistums Konstanz war, von nur wenigen stetig wechselnden Mönchen betrieben, ihr Erbe bleibt uns erhalten. Besucht man die Insel heute, meint man, das Echo all der Stimmen durch die Jahrhunderte zu hören – Äbte und Mönche, Weinbauern und Fischer, Kaiserinnen und Nonnen –, sie alle wurden von der Insel im Bodensee unwiderstehlich angezogen, und in unseren Erzählungen sind wir einigen ihrer Spuren gefolgt.

Tanja Kinkel

Das Gottesurteil

von Heidrun Hurst

Anno Domini 862

Richardis schritt durch den Kreuzgang des Klosters Hohenburg auf dem elsässischen Odilienberg. Der Wind, der kalt durch das offene Gewölbe strich, ließ sie frösteln. Es war noch früh im Jahr, und die Abtei lag in der schwindelnden Höhe der Vogesen. Von hier aus hatte man einen wundervollen Blick über das Rheintal, den Richardis allerdings selten genoss. Viel lieber folgte sie dem Beispiel Odilias, der Gründerin des Klosters. Diese war blind zur Welt gekommen. Jahre später wurde das Mädchen durch ein göttliches Wunder geheilt. Seit dieser Zeit hatte Odilias ganzer Eifer der Nachfolge Christi gegolten. Er war so groß gewesen, dass durch ihr Zutun zwei Klöster entstanden. Noch heute stiegen die Pilger in Scharen den Berg herauf, um an ihrem Grab für die Heilung ihrer Augen zu beten.

Richardis wollte so wie Odilia werden. Ihre ganze Aufmerksamkeit richtete sich auf das Gebet, das Fasten zur Ehre Gottes und den Unterricht in Lesen, Schreiben und Singen sowie die Lehren von Augustinus, Benediktus und weiterer großer Kirchenväter. All dies diente ihr zur Vorbereitung auf das ewige Gelübde, das sie ablegen würde, sobald sie sich dessen würdig erwies.

Nur unwillig legte sie eine Kopie des Psalteriums beiseite, dessen Verse sie gerade studierte. Doch auch Gehorsam war etwas, das einer Novizin in Fleisch und Blut übergehen musste. Und so folgte sie ohne Zögern dem Ruf der Äbtissin, die sie am Rand der Klausur in ihr Haus bat. Was die Mutter Oberin wohl von ihr wollte? Richardis konnte sich keinen Reim darauf machen.

Der Mann, der sie im Empfangsraum der ehrwürdigen Mutter erwartete, überraschte sie jedoch über alle Maßen. Ihre Schritte stockten und Verblüffung zeichnete sich in ihre Miene.

Die Äbtissin warf Richardis einen milden Blick zu. „Komm herein und schließe die Tür. Graf Erchanger hat dir etwas Wichtiges zu sagen."

Richardis fasste sich, trat gemessenen Schrittes näher und neigte ihr Haupt vor dem kräftigen Mann, der auf dem schönsten Stuhl des Äbtissinnenhauses saß. Dann blickte sie auf und sah in das von einem gestutzten Bart gerahmte Gesicht, das älter als in ihrer Erinnerung wirkte. Die Jahre waren nicht spurlos an ihm vorübergegangen. „Ich grüße Euch, Vater! Es freut mich, dass Ihr wohlauf seid."

Graf Erchanger nickte ihr hoheitsvoll zu. Weder überschäumende Freude noch tiefe Gefühle für eine lange vermisste Tochter sprachen aus seinem Blick. Nur die Kälte der Macht und das Wissen, dass jeder seinen Befehlen gehorchen musste.

„Ich hoffe, dasselbe trifft auf meine Mutter zu", sprach Richardis ungerührt weiter. Sie kannte das Wesen ihres Vaters.

Graf Erchanger machte eine wegwerfende Handbewegung. „Das Alter nagt an ihren Knochen, aber noch immer geht es ihr besser als den meisten."

Richardis wusste, wovon er sprach. Immer wieder litt das einfache Volk unter verheerenden Katastrophen, dem Beben der Erde und schrecklichen Seuchen. Vor zwei Jahren war der Winter so grimmig und lang gewesen, dass die Wintersaat erfror und die Obstbäume kaum Früchte trugen. Die darauffolgende spärliche Ernte beschwor eine Hungersnot herauf, die Scharen von Bettlern vor das Kloster geführt hatte. Die Nonnen hatten getan, was sie konnten. Doch selbst ihre Gebete konnten den Herrn nicht umstimmen, den Menschen diese Prüfung zu erleichtern.

„Du wirst dir bald selbst ein Bild von der Gesundheit deiner Mutter machen können", unterbrach Graf Erchanger ihre Gedanken. „Schon morgen wirst du dieses Kloster verlassen."

Bestürzt riss Richardis die Augen auf. Was hatte ihr Vater vor? „Aber, das ist nicht das, was ich wünsche."

Der harte Blick Erchangers traf sie bis ins Mark. „Hast du vergessen, dass du meine Tochter bist? Du stehst in meiner Munt und wirst meinem Willen gehorchen. Denn noch hast du der Welt nicht entsagt." Der missfällige Zug um seinen Mund ließ keinen Widerspruch zu. „Doch ich will gnädig sein und dir ein paar Stunden des Abschieds gewähren. Morgen früh, nach Tagesanbruch, brechen wir auf."

„Du darfst dich zurückziehen", entließ die Äbtissin Richardis. „Möge der Herr mit dir sein."

Wie betäubt machte sich Richardis zur Johanniskappelle mit dem Sarkophag der heiligen Odilia auf. Vor drei Jahren war sie mit dem Segen ihres Vaters ins Kloster Hohenburg eingetreten. Hatte er sie damals nur genarrt? Oder war etwas vorgefallen, das ihn plötzlich zum Widerruf seiner damaligen Entscheidung getrieben hatte?

Vor dem Grabmal Odilias kniete Richardis nieder.

In Christi Namen bitte ich um deine Hilfe, du ehrwürdigste unter den Frauen. Flehe vor dem Thron Gottes für mich, den Sinn meines Vaters zu ändern. Hilf, dass dieser Kelch an mir vorübergehe! Alles, was ich will, ist, der Welt zu entsagen und mein Leben ganz in den Dienst unseres Herrn zu stellen. Hier bin ich glücklich!

Richardis erschrak, als eine mitfühlende Stimme hinter ihr erklang. Sie war so in ihr Gebet versunken gewesen, dass sie nicht bemerkt hatte, wie die Äbtissin leise hinter sie getreten war. „Ich bedaure zutiefst deinen Schmerz, mein Kind. Doch gräme dich nicht und sei gewiss, dass Graf Erchanger einen triftigen Grund hat, dir die ewige Profess zu verwehren. Und so schwer es mir fällt, seinem Wunsch zu entsprechen und dich ziehen zu lassen, so ist es doch Gottes Wille, dass du dich als gehorsame Tochter dem beugst, was dein Vater für richtig erachtet."

Waren die Worte der ehrwürdigen Mutter ein göttliches Zeichen? Richardis war sich immer noch nicht sicher, als sie sich in Begleitung ihres Vaters und einiger seiner Mannen auf den Weg nach Hause machte.

Schweren Herzens hatte sie im Kloster Abschied genommen. Zuvor hatte sie ihren Habit aus grober, ungefärbter Wolle gegen ein feines Gewand und einen Mantel getauscht, der ihr Schutz gegen die Kälte bot. Nun saß Richardis auf ihrer Stute, die sie bei ihrem Eintritt ins Kloster in den heimischen Ställen zurückgelassen hatte. Die Kunst, in Röcken zu reiten, hatte sie glücklicherweise nicht verlernt, obwohl es den Klosterberg hinunter alles andere als einfach war. Das weitläufige Gut ihres Vaters lag in der Rheinebene unweit Straßburgs, im Machtbereich der Alaholfinger, zu deren Geschlecht er sich zählte.

„Sagt mir endlich, was Ihr mit mir vorhabt", forderte Richardis, nachdem sie ihr Reittier neben das ihres Vaters gelenkt hatte. Der schwierige Abstieg lag hinter ihnen. In der Ebene des Rheintals kamen sie nun besser voran.

Die Augen des Grafen schleuderten Blitze über die Dreistigkeit, die sich seine Tochter erlaubte. Doch dann schien er sich zu besinnen. „Du wirst heiraten."

Richardis war entsetzt. „Nichts steht mir ferner, als den Bund der Ehe mit einem gewöhnlichen Mann einzugehen. Alles, was ich will, ist, eine Braut Christi zu werden!" Darüber hinaus stand sie in ihrem zweiundzwanzigsten Lebensjahr. Sie war eine alte Jungfer, wenn man bedachte, dass die meisten Töchter bereits mit fünfzehn oder sechzehn Jahren verheiratet wurden.

Graf Erchanger lachte grollend. „Und dennoch wirst du es tun. Dieser Ehebund wird meine Macht im Elsass stärken." Zufriedenheit senkte sich in seinen Blick. „Doch falls es dich beruhigen sollte: Du bist keinem gewöhnlichen Mann anverlobt. Er ist von edlem Geblüt. Der Abkömmling hochberühmter Ahnen, die ihren Frauen mächtige Söhne bescherten. Ich hoffe, dass du dich als ein ebenso würdiges Gefäß erweist."

Richardis hörte das Pochen ihres Herzens in den Ohren. „Wer ist dieser Mann?"

„Sein Name ist Karl, der jüngste Sohn König Ludwigs, dem zweiten seines Namens und König des Ostfrankenreiches", erwiderte Graf Erchanger mit einer Spur von Genugtuung in der Stimme. „Mit Gottes Willen wird auch er eines Tages König werden – und du seine Königin. Es gibt also nicht den geringsten Grund zur Klage."

Richardis gingen die Worte ihres Vaters nicht mehr aus dem Sinn. Über die gesamte Länge des Weges zermarterte sie sich den Kopf, wie sie nur dem entkommen konnte, was er für sie bestimmt hatte. Sie sollte den Spross eines Königs heiraten! War das Gottes Wille?

Im Grunde ging es bei dieser Hochzeit nicht um sie oder ihren künftigen Gemahl. Sie kannten sich ja nicht einmal. Für ihre Väter war diese Ehe nicht mehr als ein gewinnbringender Handel, mit dem sie ihre Häuser fester aneinander banden. Zwar würden sie im Falle eines Krieges füreinander einstehen müssen, doch bei der Verteilung erbeuteten Landes würde Graf Erchanger an vorderster Stelle stehen. Und falls ihr zukünftiger Gemahl tatsächlich einmal König werden sollte, konnte Erchanger sich Vater einer Königin nennen. Sein Ruhm würde groß sein und sich mehren, sollten später auch seine Enkel Könige werden.

Versuchte ihr Vater so den Sohn zu ersetzen, den er nie hatte? Ihre Schwester war gestorben, als sie bereits im Kloster weilte, und so war Richardis als einzige Möglichkeit für den Fortbestand der Familie übrig geblieben. Wahrscheinlich hatte ihr Vater sie nur deshalb noch so lange in Hohenburg gelassen, bis er diese günstige Ehe-Gelegenheit arrangieren konnte.

So sehr Richardis es auch drehte und wendete, ihr blieb nur die Möglichkeit, sich dem zu stellen, was ihr Vater wollte. Davonlaufen konnte sie nicht. Das Kloster würde sie nicht wieder aufnehmen, und für ein Leben im Wald war sie nicht geschaffen. Sie würde vor Hunger sterben oder in ständiger Angst leben, dass irgendein Wegelagerer sie erschlug.

Die Sonne ging bereits unter, als die Reisegesellschaft den Wohnsitz Erchangers im elsässischen Nordgau erreichte. Die große palisadenbewehrte Anlage mit mehreren Wirtschaftsgebäuden und einem hölzernen Wohnturm, die auf einer Anhöhe in der Nähe Straßburgs lag, hatte sich seit Richardis' Eintritt ins Kloster nicht verändert.

„Ist es nicht ein Glück, dass ein Brautwerber des Königs für seinen Sohn um deine Hand angehalten hat?", bemerkte Richardis' Mutter voller Freude, nachdem sie ihre Tochter begrüßt hatte. „Welch' Ehre, von solch' einem Mann gefreit zu werden. Du wirst eine hohe Frau werden, höher als ich es jemals war. Komm, ich will dir zeigen, welch kostbares Gewand ich für dich habe nähen lassen."

„Ich weiß nicht, Mutter." Zweifelnd betrachtete sich Richardis in einem Handspiegel aus poliertem Silber. Die knöchellange kermesrote Tunika mit den aufwendigen golddurchwirkten Zierborten verhüllte kaum, wie mager sie war. Der breite, mit Edelsteinen besetzte Gürtel, der Unter- und Obergewand in ihrer Mitte zusammenhielt, war zwei Fingerbreit zu weit. Sie sah aus wie eine Vogelscheuche in prächtigen Kleidern und nicht wie eine fruchtbare Braut.

Es war nicht zu übersehen, dass Richardis von jeher lieber ihren Geist geformt hatte, als sich um ein schönes, gefälliges Äußeres zu kümmern. Das asketische Leben im Kloster hatte ihr eine hagere Miene beschert, aus der eine spitze Nase hervorstach. Ein nachdenklicher Zug lag um ihren Mund, dem man ansah, dass er nur selten lachte. Einzig ihre dunklen Augen konnte man hübsch nennen, ebenso ihr hüftlanges braunes Haar, das noch nicht der Schere zum Opfer gefallen war. *Vielleicht gibt es doch noch Hoffnung,* dachte sie. *Möglicherweise findet er mich so abstoßend, dass er mich gar nicht will.*

„Sei unbesorgt", entgegnete ihre Mutter, als ob sie Richardis' Gedanken erraten hätte. „Die Zeit, die du deinem Bräutigam anverlobt bist, wird reichen, um dich ein wenig voller werden zu lassen. In einem Monat kann viel geschehen. Bis dahin wird dein Gesicht lieblicher sein und ein jetzt noch nicht vollends gefertigter Mantel wird das meiste verdecken. Doch es kommt nicht auf dein Äußeres an. Du sollst deinem hohen Gatten eine Gehilfin und die Mutter seiner Kinder sein. Mehr wird von dir nicht verlangt." Mit diesen Worten zerstörte sie die letzte Hoffnung ihrer Tochter, dem Dilemma zu entgehen.

Einen Monat später fuhren Richardis und ihre Mutter mit einem Reisewagen zur Insel Reichenau, wo die Hochzeit stattfinden sollte.

Es war eisig kalt. Der Hornung machte seinem Namen alle Ehre. Schnee glänzte auf den brachliegenden Feldern und die Wagengesellschaft kam nur langsam voran. Nun war Richardis dankbar für den blauen, mit Fehpelz verbrämten Umhang, der in üppigen Falten von ihren Schultern hing, und für die Felle, die sie wärmten. Ihr Vater ritt auf seinem Hengst neben dem Gespann her. Zehn seiner Gefolgsmänner dienten ihnen als Geleitschutz, denn die Straßen waren unsicher. Allzu oft versteckten sich Wegelagerer in den Wäldern, lauerten an Engpässen oder folgten den Reisenden, um sie in einem unbeobachteten Moment auszurauben. Nicht selten verloren die Geplünderten neben ihrer Habe auch das Leben.

Richardis plagten jedoch andere Sorgen. Was für ein Mann würde am Ende ihrer Reise auf sie warten? Und welchem Schicksal würde sie an seiner Seite entgegensehen? Alles, was sie wusste, war, dass ihr zukünftiger Gemahl den Lenden Ludwigs II. aus dem Adelsgeschlecht der Karolinger entstammte. Väterlicherseits war ihr Zukünftiger der Urenkel Kaiser Karls des Großen. Karls Mutter war die Welfin Hemma, eine Schwester der verstorbenen Kaiserin Judith, die als Gemahlin Ludwig I. eine mächtige Frau gewesen war. Hemma hatte ihrem Mann mehrere Kinder geboren. Karl war der jüngste von drei Brüdern. Hinzu kamen drei noch lebende Schwestern, für die ihr Vater ein Dasein im Kloster bestimmt hatte. Richardis unterdrückte ein Seufzen. Wie gerne wäre sie eine der Töchter Ludwigs gewesen. Seine Söhne aber verheiratete er mit Töchtern aus den vornehmsten Adelsfamilien. Die Ehe mit einem Königssohn war eine Auszeichnung für jedes Haus. Es gab sicher viele junge Frauen, die Richardis' Stelle mit Freuden eingenommen hätten.

Endlich erreichten sie das Ufer des Bodensees, in dessen Hintergrund schneebedeckte Berge aufragten. Von hier ging es über das Wasser weiter. Richardis bezwang ihre Angst vor dem grauen, eiskalten Nass und bestieg eines der Schiffe, die sie mitsamt Wagen und Pferden auf die Insel bringen sollten. Lang würde die Fahrt nicht dauern, denn der Umriss der Insel ragte wie ein düsterer Schattenriss aus der Strömung heraus.

Schon bald hatten sie wieder festen Boden unter den Füßen und konnten die Reise mit dem Wagen fortsetzen. „Der heilige Pirmin hat das Kloster gegründet", erklärte Richardis' Mutter, ebenso erleichtert wie sie. „Die Insel soll zuvor voller Schlangen, Kröten und Ungeziefer gewesen sein. Doch als Pirmin seinen Fuß auf die Insel setzte, bildete sich eine Quelle und das Ungeziefer floh binnen dreier Tage", setzte sie ehrfürchtig hinzu. „Danach rodeten er und seine Anhänger das Gebiet, machten die Insel bewohnbar und gründeten ein Kloster."

Erstaunt stellten beide fest, dass Pirmins Nachfolger ganze Arbeit geleistet hatten. Eine gehörige Zahl an Ackerflächen, Obst- und Rebgärten überzogen die hügelige, schneebedeckte Landschaft. Doch hatte man den Wald nicht gänzlich ausgelöscht, denn Holz und Wild wurden ebenso gebraucht.

Kurz darauf erreichten sie die königliche Pfalz am Nordufer, mit all ihren Wirtschaftsgebäuden, Vorrats- und Gästehäusern. Als Richardis hinter ihrer Mutter aus dem Wagen stieg, entdeckte sie die benediktinische Reichsabtei direkt gegenüber, an deren Konventgebäude sich eine prächtige Kirche anfügte. Der hohe weitläufige Bau war nicht weniger beeindruckend als die königliche Anlage. Versonnen betrachtete Richardis für einen Moment den geradlinigen steinernen Komplex. Hier also sollte übermorgen ihre Trauung stattfinden.

Ein junger Geistlicher, der soeben aus der Tür getreten war, lenkte ihre Aufmerksamkeit wieder auf die Vorgänge in der Pfalz. „Seid herzlich gegrüßt." Sein prüfender Blick blieb an ihr hängen, obwohl ein Schleier ihr Gesicht verdeckte, wie es Brauch war. Kein Mann sollte sie ansehen, bevor sie ihr Ehegelöbnis gesprochen hatte. Dennoch überkam sie das befremdliche Gefühl begutachtet zu werden, wie man es bei jungen Stuten tat, die man zu verkaufen gedachte. „Mein Name ist Liutward. Ich hoffe, Ihr hattet eine halbwegs angenehme Reise."

Der junge Priester sah gepflegter aus als die meisten seiner verlausten Ordensbrüder, denen Richardis im Lauf ihres Lebens begegnet war. Er hatte ein angenehmes, gut geschnittenes Gesicht und betrachtete sie trotz ihrer Befürchtung mit warmen Augen.

Respektvoll wandte er sich ihrem Vater zu, der die höfliche Konversation erwiderte. „Darf ich Euch bitten, mit mir zu kommen? Die Königin erwartet Euch schon sehnsüchtig."

Königin Hemma war eine alternde Frau, deren Gesicht den Nachhall ihrer einstigen Schönheit zeigte. Ihr Haar war vollkommen ergraut und die Üppigkeit ihres Körpers zeugte von den vielen Kindern, die sie unter dem Herzen getragen hatte. „Seid mir willkommen", wandte sie sich freundlich an ihre Gäste. „Leider bin ich die Einzige, die Euch begrüßen kann. Mein Gatte und mein Sohn sind auf der Jagd, in der Nähe von Konstanz. Sie werden erst morgen zurückkehren. Heute Abend werden wir also allein zusammen speisen. Doch zuvor wird mein Kämmerer, Graf Hatto, Euch Eure Gemächer zeigen, wo eine kleine Stärkung für Euch bereitsteht."

Der würdevoll Hinzugetretene führte sie in den zweiten Stock des Palatiums, wo ihnen zwei Räume zur Verfügung standen. Richardis erhielt eine eigene Kammer mit einem großen Bett, einer Truhe und einem Tisch, auf dem ein Krug Wein, Brot und Käse standen. Sogleich stellte Graf Hatto ihr Gailana vor, die ihr von nun an als Kammerfrau dienen sollte. Richardis musterte sie, während ihre neue Bedienstete ihr aus dem Mantel half und ihr das Essen reichte. Sie schien schon älter zu sein. Gewiss kannte sie sich in den Belangen des Hofes aus und konnte ihr als Stütze bei all dem Unbekannten dienen, das auf sie einstürmen würde.

Beim abendlichen Mahl wurde Richardis von Königin Hemma unterrichtet, dass ihr Bräutigam auch nach seiner Rückkehr von der Jagd unabkömmlich sei, da der morgige Tag mit seiner Vorbereitung auf die bevorstehende Ehe angefüllt sein werde. Richardis konnte sich des Eindrucks nicht erwehren, dass er kein großes Interesse an seiner Braut hegte.

Sie verbrachte bange Stunden, bis sie endlich unter großem Kirchengeläut die Abteikirche betrat. Die Mönche im Chor stimmten einen Choral in römischer Sangesweise an, deren von Traurigkeit durchdrungene Töne sich träge emporschwangen.

Am Arm ihres Vaters bestaunte Richardis die enorme Größe der Basilika, deren Wände mit wundervollen Fresken geschmückt waren. Die Hochzeitsgesellschaft aus Mitgliedern des hohen Adels und ihre Nachkommen, die sich in weltliche und geistliche Würdenträger des Reiches teilten, bildete eine respektvolle Schneise, durch die Brautvater und Braut nach vorn traten.

In der Nähe des Altars entdeckte Richardis einen jungen Mann mit einem durchschnittlichen Gesicht, das von gelocktem Goldhaar umrahmt wurde. Ihr Bräutigam!

Seine hochgewachsene Gestalt war in prächtige Kleider gehüllt. Unter einem Mantel aus Marderfell, von einer goldenen Fibel gehalten, sah man ein purpurnes Gewand, gesäumt von golddurchwirkten Borten. Die knielangen Beinlinge, die in seidene Wadenbänder übergingen, stachen dunkel darunter hervor. Sein Gürtel war mit Edelsteinen besetzt, ebenso seine Schuhe. Zum ersten Mal war Richardis erleichtert, ebenso kostbar gekleidet zu sein. Würdevoll legte ihr Vater ihre Hand auf die ihres Bräutigams. Durch den Schleier sah sie Karls Lächeln, doch es erreichte seine Augen nicht.

Er freut sich genauso wenig über die Entscheidung unserer Eltern wie ich, schoss es ihr durch den Kopf.

Gemeinsam traten sie zu dem Gebetsbänkchen vor dem Altar und knieten nieder. Bischof Salomo war eigens aus Konstanz angereist, um sie zu trauen. Er sprach von der Heiligkeit der Ehe, die dem Zwecke der Fortpflanzung diene. Dass die Frau dem Manne untertan sei und ihm in allen Dingen zu gehorchen habe. Richardis scheiterte immer wieder daran, seinen Worten zu folgen. Karls aufgesetzte Freundlichkeit und sein gestriges Desinteresse wollten nicht aus ihren Gedanken weichen.

Später wusste sie nicht mehr viel von dem, was der Bischof gepredigt hatte. Eines jedoch brannte sich unauslöschlich in ihre

Erinnerung ein: jener Augenblick, in der ihr frisch angetrauter Ehemann ihren Schleier hob, um ihr den Brautkuss zu schenken. Sollte er bis dahin noch gehofft haben, wenigstens ein hübsches Weib zu bekommen, so war ihm die Ernüchterung nun deutlich anzusehen.

Ein Heer von Bediensteten hatte die Aula Regia für die anschließende Feier vorbereitet. Kostbare Teppiche hingen an den Wänden, feinstes Leinen bedeckte die Tafel, auf der silbernes und goldenes Geschirr im Schein der Kerzen glänzte. Das üppige Festmahl, bei dem es gebratenes Wild, frisches Brot, Käse und dunklen Wein gab, wurde von Richardis' Befürchtungen überschattet und der Frage, was sie tun sollte, wenn sie mit Karl allein war. Natürlich wusste sie, was geschehen würde, doch auch jetzt sah er sie kaum an. Stattdessen bedachte er hin und wieder eine junge Frau mit lüsternen Blicken, die Richardis keineswegs entgingen. Überdies sprach er nur das Nötigste mit ihr, seiner Angetrauten.

Niemand schien die Bedrückung der Brautleute zu bemerken. Graf Erchanger und König Ludwig waren bester Stimmung und schienen sich glänzend mit adligen Gästen, Bischof Salomo und Abt Walter zu unterhalten, der dem hiesigen Kloster vorstand. Die beiden Mütter waren in sittsame Gespräche mit den zu den Herren gehörenden Frauen vertieft. Nicht wenige waren mit ihnen verwandt.

Schließlich tanzten die Finger des Harfenspielers ein letztes Mal über die Saiten. Die Brautleute wurden von ihren weichen Daunensitzkissen gehoben. Unter fröhlichem Lärm und anzüglichen Witzen brachte man sie zu Bett. Von Gailana bis auf das Hemd entkleidet, schlüpfte Richardis verschämt unter die Decke, wo sie Karl, ebenfalls im Hemd, bereits erwartete. Erst jetzt waren die Gäste zufrieden und überließen das Paar sich selbst.

Scheu wandte Richardis den Kopf, um ihren Ehemann anzusehen. Karl starrte grübelnd zur Decke. Er machte sich nicht einmal die Mühe, ein paar belanglose Worte mit ihr zu wechseln. Sie jedoch liebte anregende Gespräche, die den Geist schärften, und wollte nicht als Ding betrachtet werden, das man lediglich bestieg. *Vielleicht ist er zu betrunken,* überlegte sie. *Er hat dem unverdünnten Roten in seinem gläsernen Trinkpokal allzu reichlich zugesprochen.* Sie beschloss, es mutig zu versuchen. „Wollen wir uns nicht ein wenig besser kennenlernen, bevor …"

„Für was sollte das gut sein?" Karls Worte klangen schleppend. „Ihr wollt mich genauso wenig wie ich Euch."

Erschüttert stützte sich Richardis auf ihren Ellbogen und sah ihrem Gatten ins Gesicht. Weingeschwängerter Atem wehte ihr entgegen. „Sollten wir uns deshalb nicht darum bemühen, Freunde zu werden?"

Im nächsten Moment durchfuhr ein Zucken Karls Körper, bei dem sie zunächst dachte, er setze zu einer Antwort an. Stattdessen verwandelte das Licht der Kerzen seine Züge in eine schreckliche Grimasse. Speichel troff aus seinem Mund, sein ganzer Körper spannte sich an, während zischende Laute zwischen seinen zusammengebissenen Zähnen hervordrangen. Erschrocken fuhr Richardis zurück. Hatte sich ein böser Geist Karls bemächtigt? Noch bevor sie schreien konnte, war es vorbei. Erschöpft lag er neben ihr und schloss die Augen.

„Was ist mit Euch?", flüsterte Richardis besorgt.

Abrupt öffnete er die Lider. Für einen Moment sah Karl sie mit glasigen Augen an, dann schien sein Geist in die Gegenwart zurückzukehren. „Erzählt keinem Menschen davon. Habt Ihr verstanden?" Es schien ihn unendliche Mühe zu kosten, sich zu erheben. Dennoch tat er es, ohne auf Richardis' Einwände zu achten. Dann verschwand er im Hemd durch die Tür. Anfangs dachte sie noch, er wäre zum Aborterker gegangen, der sich in der Nähe ihrer Kammer befand. Doch sie wartete vergeblich auf seine Rückkehr. Am Ende zwang sie sich dazu nachzusehen. Schließlich konnte Karl dort zusammengebrochen sein.

Der Abort war leer. Ratlos kehrte Richardis in das Ehegemach zurück.

In den folgenden Nachtstunden quälte sie sich mit der Frage, was vorgefallen war und wo ihr Gatte nun weilte. Bei jener jungen Frau, die er so lüstern angeblickt hatte? *Beschert sie ihm, statt meiner, die Freuden einer Hochzeitsnacht?*

Kurz bevor die Pfalz zu neuem Leben erwachte, kehrte Karl zurück.

„Wo seid Ihr gewesen?"

„Das geht Euch nichts an", knurrte er. Mürrisch zog er einen Dolch hervor. Richardis, die immer noch im Bett lag, wich erschrocken zurück. *Will er mich ermorden?*

„Keine Angst", erwiderte Karl mit einem nüchternen Grinsen. Mit einer raschen Bewegung schnitt er sich in den Daumen.

Sprachlos sah sie zu, wie er sein Blut auf das Laken tropfen ließ. „Das ist Euer Jungfernblut, oder wollt Ihr Euch der Peinlichkeit aussetzen, dass Ihr es nicht fertiggebracht habt, Euren Ehemann zu betören?"

Stumm schüttelte Richardis den Kopf. Abgesehen davon, dass er ihr jede Möglichkeit verwehrt hatte, sich auf diesem Gebiet zu erproben, ging niemanden etwas an, was zwischen diesen Wänden geschah.

„Dann sind wir uns einig. Ich sehe Euch beim Frühmahl." Rasch zog er sich an und verließ sie ohne ein weiteres Wort.

Richardis konnte ihre Tränen nicht mehr zurückhalten, als sie allein war. „Was soll ich nur tun?", flüsterte sie.

Wenig später kam ihre Kammerfrau, um ihr beim Ankleiden zu helfen. Betreten sah Gailana zu Boden. Die Witwe schlief in einer kleinen Kammer nebenan, was es ihr ermöglichte, rasch herbeizueilen, wenn man sie brauchte. Hatte sie etwas von den nächtlichen Vorgängen mitbekommen?

Aus Richardis' Verstörung wurde Wut. „Was geht hier vor?", herrschte sie die Frau an. „Sag es mir."

Gailana senkte die Lider. „Ihr wisst es nicht?", flüsterte sie. „Euer Gatte hat eine Beischläferin, mit der er jede Nacht das Bett teilt. Manche sagen, seine ganze Liebe gehöre ihr. Die Heirat mit Euch habe er nur der Berechnung seines Vaters zu verdanken."

Richardis fühlte, wie das Blut aus ihrem Kopf wich und in Richtung ihrer Füße sackte. *Also doch*, dachte sie. *Meine ungute Ahnung trog mich nicht.* „Warum hat er dann nicht *sie* geheiratet?", begehrte sie auf.

„Weil ihr Vater von niederem Adel ist. Eine Heirat mit ihr wäre nicht standesgemäß für einen Königssohn."

Das Frühmahl an der Seite ihres untreuen Ehemannes ertrug Richardis nur mit Mühe. Ebenso die Zurschaustellung des blutigen Lakens und die Morgengabe, die ihr Karls Vater überreichte. Zum Lohn dafür, dass sie sich mit seinem Sohn verbunden hatte, und um das Elsass stärker an das ostfränkische Reich zu binden, schenkte Ludwig seiner Schwiegertochter Besitztümer in Bergen, Endingen, Bahlingen und Sexau.

Die Maske des Lächelns in Richardis' Gesicht schmerzte, doch käme jemals die Wahrheit ans Licht, wäre die daraus resultierende Erniedrigung noch schrecklicher. Verzweifelt floh sie bei erstbester Gelegenheit in die Pfalzkapelle und kniete vor dem sterbenden Erlöser an dessen geschnitztem Kreuz nieder. Ihn wollte sie um Rat und Hilfe bitten.

Kaum in ihr Gebet versunken, hörte sie das Knarren der Kapellentür. Jemand trat ein. Richardis blickte zur Seite und erkannte Liutward, den jungen Priester, der sie bei ihrer Ankunft begrüßt hatte. Auch bei ihrer Hochzeit war er zugegen gewesen. Wie sie beobachten konnte, schien er mit ihrem Gatten recht vertraut zu sein. Missmutig stellte sie fest, dass er direkt auf sie zukam.

„Wie geht es Euch?" Ein warmherziges Lächeln erstrahlte auf seinen Lippen. Sie sog es auf wie trockenes Moos den Regen.

„Es geht mir gut." Trotz ihres abweisenden Tonfalls konnte sie das Beben ihrer Lippen nicht unterdrücken.

Wieder traf sie dieser Blick, der sie genau zu mustern schien. Fast kam es ihr so vor, als ergründe er damit ihre Seele. „Ich denke, ich weiß, was Euch bedrückt."

„Tut Ihr das?", fragte Richardis bitter.

Liutward nickte. „Und ich verstehe Euer Leid."

Verblüffung keimte in ihr auf. Nichts und niemand hatte sie auf diese Hochzeitsnacht vorbereitet. Konnte er wirklich ermessen, was ihr in den letzten Stunden widerfahren war?

„Karls Liebe zu dieser Frau ist wie eine Krankheit. Doch seid gewiss, sie geht vorüber. Ich rate Euch, geduldig zu sein. Wenn Ihr es klug anstellt, werdet Ihr eines Tages über sie triumphieren."

Richardis runzelte ungläubig die Stirn. „Seid Ihr Euch da so sicher?"

Das Lächeln in Liutwards Miene kehrte zurück. „Wenn Ihr es nicht versucht, werdet Ihr es nie erfahren."

Sie nickte ihm dankbar zu. „Ich danke Euch für Euren Rat."

„Den ich Euch mit Freuden erteilt habe. Ich bete für Euch, dass Eure Bemühungen Frucht tragen werden." Mit diesen Worten verließ er sie.

Erneut richteten sich Richardis' Augen auf den Mann am Kreuz. Auch er hatte großes Leid ertragen müssen. Noch während sie die Figur des Erlösers betrachtete, fasste sie einen Entschluss: Wenn Gott sie an die Seite dieses Mannes gestellt hatte, war es sein Wille, dass dieses Bündnis gelang. Alles, was sie tun musste, war, dafür zu sorgen.

Nach einigen Tagen verabschiedeten sich Richardis' Eltern. Ihr Gut, zu dem zehn Dörfer und zwei Mühlen gehörten, mit all ihren Hufebauern, Pächtern, Hörigen und Sklaven, durfte nicht zu lange sich selbst überlassen werden.

„Du bist nun verheiratet. Mach mir keine Schande", wandte sich ihr gestrenger Vater an sie, bevor er sich in den Sattel seines Hengstes schwang. Und über die Wangen ihrer Mutter liefen stumme Tränen, als sie ihre Tochter noch einmal umarmte.

Wehmütig sah Richardis dem Reisewagen und seinem Gefolge hinterher. Nun war sie vollkommen auf sich gestellt.

In den folgenden Wochen blieb der Königshof auf der Reichenau. Erst, wenn der Frühling ins Land zog und der Zustand der Straßen das Reisen mit einem großen Gefolge über Land erlaubte, würde König Ludwig weiterziehen. Sein Sohn Karl ließ sich des Öfteren per Schiff zum Festland fahren, um dort in den ausgedehnten Waldungen zu jagen. Eine Reihe weiterer Recken schloss sich ihm an. Die Speisekammern der Pfalz verlangten ständigen Nachschub an Wildbret. Darüber hinaus galt die Jagd als körperliche Ertüchtigung. Andere Tage verbrachte Karl in der Aula Regia, um seinem Vater bei den Verhandlungen mit den Großen des Reiches zur Seite zu stehen.

Nur die abendlichen Mahlzeiten, denen meist Ratespiele, Musik und Brettspiele folgten, teilte er mit Richardis.

Anfangs hasste sie das, was sie bisher für leichtfertigen Zeitvertreib gehalten hatte. Doch Liutward war ihr auch hier ein guter Ratgeber. Schnell stellte sie fest, dass die Spiele nicht nur Freude bereiteten, sondern vor allem den Geist schärften. Liutward brachte ihr Hnefatafl bei, ein Brettspiel aus dem Norden, bei dem man entweder den König gefangen nehmen oder ihn in Sicherheit bringen musste. Auch Karl liebte diese Herausforderung. Bald spielten sie es gemeinsam.

Richardis entging nicht die Zufriedenheit in Liutwards Gesicht, als dieser sie beide dabei beobachtete. Und sie bewunderte seine Schläue, sie wenigstens hierfür zusammengebracht zu haben. Doch auf die Dauer würde dies nicht genügen, denn ihre dringlichste Aufgabe war es, einen Sohn zu gebären. Heimlich betrachtete sie Karls Konkubine. Sie hieß Rothaid und ihr ganzer Körper bestand aus Verlockungen: runde Hüften, ein draller Busen und ein hübsches, rotwangiges Gesicht, das von goldenen Locken umrahmt wurde. All das konnte Richardis ihm nicht bieten, selbst wenn sie sich mit den kostbaren Ölen und duftenden Elixieren der jüdischen Kaufleute salbte, die am Hof verkehrten.

Liutward versuchte, Richardis von ihren trüben Gedanken abzulenken. Da er wusste, dass sie mehr als eine Bäuerin, Küchenmagd oder Kammerfrau von diesen Dingen verstand, führte er sie durch die Abtei.

„Das Reichenauer Kloster ist in den letzten Jahrzehnten zu einem Zentrum gelehrter Bildung geworden. Ihr werdet staunen, wie vielseitig es ist. Kommt, ich zeige Euch die Schule für die Zöglinge des Klosters. Hier lehrt man sie die Artes Liberales. Abt Waldo hat die Räume der Gelehrsamkeit vor über sechzig Jahren bauen lassen, ebenso die Bibliothek. Auch ich hatte das Glück, hier unterrichtet zu werden." Er neigte demütig sein Haupt, doch Richardis fühlte Liutwards Stolz auf seine privilegierte Stellung, die durch seine Studien erst möglich wurde. Wie sie ihn beneidete! Als Frau stand ihr der Zugang zu Bildung nicht in diesem hohen Maße offen. Die Bibliothek versetzte Richardis in Entzücken. Über vierhundert Kodizes lagerten in den hohen Regalen. Auch das Skriptorium und die Malschule begeisterten sie.

„Solltet Ihr je in einer wärmeren Jahreszeit hier weilen, so werde ich Euch den Garten zeigen. Walahfrid Strabo, ein Nachfolger Waldos, der ebenfalls bereits verstorben ist, hat sich ausgiebig damit befasst und sein Wissen schriftlich festgehalten. In seinem „Hortulus" beschreibt er auf höchst klangvolle Weise Kräuter und Nutzpflanzen nach Aussehen, Nutzen, Geschmack und Heilwirkung. Auch die Weinreben gedeihen hier prächtig."

„Gewiss ist es im Frühling wunderschön hier."

Liutward nickte. „Habt Ihr noch einen Wunsch?"

„Lehrt mich alles, was Ihr wisst."

Ein zufriedenes Lächeln zeigte sich auf den Lippen des jungen Priesters. „Wie Ihr wünscht. Dann werde ich von nun an Euer Lehrer sein."

Richardis war eine gute Schülerin. So wie Liutward es vorhergesehen hatte, gewann sie wegen ihres anwachsenden Wissens und da sie beide freundschaftlich mit Liutward verbunden waren, zunächst Karls Achtung und schließlich auch seine Freundschaft. Immer öfter fragte er sie um Rat. Während der Ränkespiele, die Karl der Macht wegen durchstehen musste, war sie ihm nun eine geschätzte Beraterin geworden. Doch niemals näherte er sich ihr wie ein Mann seiner Ehefrau.

Der Tod seines Vaters und die damit einhergehende Reichsteilung brachte eine erste große Veränderung: Karl wurde König von Alemannien und Richardis seine Königin. Welch Triumph für ihren Vater!

Binnen zweier Jahre starben auch Karls Brüder. Dieser traurige Umstand und das Fehlen anderer geeigneter Nachkommen erhoben Karl zum Alleinherrscher des Ostfrankenreichs und des Königreichs Italien.

Wie ungemein viel Kraft, Ausdauer und vor allem Geschick es erforderte, die unterschiedlichen Völker, die in diesem Riesenreich lebten, zu regieren! Dies gelang nicht ohne eine gut organisierte Verwaltung der einzelnen Gaue, an deren Spitze jeweils ein Graf stand. Es galt, sich diese Männer von Adel gewogen zu halten und sie überdies durch Königsboten zu kontrollieren.

Liutward, der es verstand, die Menschen für sich einzunehmen, und Karls Vertrauen genoss, stieg zum Erzkapellan auf. Er leitete Karls Kanzlei und wurde sein wichtigster Berater. Der König stattete ihn mit Gütern aus und machte ihn zum Bischof von Vercelli, als der er Karls Herrschaft in Italien stützte.

Auch Richardis tat, was sie konnte, denn Neider und tödliche Intrigen lauerten überall. Die Jahre waren derart mit Diplomatie und Reisen von Pfalz zu Pfalz angefüllt wie auch mit den Belangen des Hofes und der Klöster, die Karl ihr überließ, dass sie kaum bemerkte, wie schnell die Zeit verging. Darüber hinaus hatte sie nach dem Tod ihrer Eltern auf dem väterlichen Gut eine Abtei im elsässischen Andlau gegründet.

Leider war aber das, was Richardis in der Hochzeitsnacht an Karl beobachtet hatte, kein einmaliges Ereignis geblieben. Anfangs dauerte es noch Wochen, bis der nächste dieser grässlichen Anfälle Karl von den Beinen riss, sein Bewusstsein trübte und ihn unkontrolliert zucken ließ. Mit den Jahren verkürzten sich die Abstände immer mehr. Richardis hätte gern einen Medicus um Rat gefragt, doch der König verbot es. Ein Bekanntwerden der Krankheit hätte seinen Gegnern in die Hände gespielt. Denn ein sorgfältig gestreutes Gerücht, dass ein derart geschlagener Herrscher nicht nur in den Augen der Menschen, sondern auch in denen Gottes ungeeignet sei – ganz gleich, wie viele Kirchen und Klöster er stiftete –, konnte ihn stürzen. Stattdessen sollte Liutward Karls Heilung herbeiführen unter der Anrufung des Erlösers, der schließlich selbst Fallsüchtige von ihren Leiden befreit hatte, vor seinem Tod am Kreuz. Doch der Herr erhörte ihre Bitte nicht, und es traf nicht nur Richardis schwer, diese Entscheidung anzunehmen. So verlegte sie sich darauf, wenigstens rasch zur Stelle zu sein, wenn es wieder so weit war, um ihren Gemahl vor neugierigen Blicken zu schützen.

Im Jahr 880 überquerte Richardis mit Karl die Alpen. Als sie beide am 12. Februar 881 in der Peterskirche in Rom von Papst Johannes die Kaiserkrone erhielten, stand Liutward an ihrer Seite. Nun war sie Kaiserin, an der jedoch der Makel der Kinderlosigkeit haftete. Wie gern hätte sie dem Abhilfe geschaffen, doch Karl widerstand hartnäckig all ihren Bemühungen. War sie denn so abstoßend in seinen Augen?

In der langen Zeit ihrer Abwesenheit türmten sich zu Hause ernste Schwierigkeiten auf: Die Nordmannen, die über viele Jahre friedlichen Handel am Rhein betrieben hatten, nutzten Karls Fernbleiben und das seiner besten Krieger, die ihn über die Alpen begleitet hatten. Mit ihren schnellen Schiffen drangen sie über Rhein, Maas und Mosel vor, verheerten das Land und eroberten Klöster und Städte wie Köln, Bonn, Neus, Jülich und Andernach. Selbst vor Aachen und der von Karl dem Großen erbauten Kaiserpfalz machten sie nicht halt. In ihrer Überheblichkeit schändeten sie die Marienkirche, in der Karl der Große begraben lag und die nun als Stall für ihre Pferde herhalten musste. Doch es sollte noch schlimmer kommen: Kaum hatten die mörderischen Räuber alles von Wert geplündert, setzten sie die Pfalz und das kaiserliche Badehaus in Brand. Von all der Pracht, die Karl der Große geschaffen hatte, blieben nur verkohlte Trümmer übrig. Das Kloster Prüm wie auch die Städte Koblenz und Trier wurden ebenfalls nicht verschont.

Als Karl und Richardis im Mai 882 von Italien zurückkehrten, hatten Bischof Wala und Graf Adalhard von Metz die marodierenden Nordmannen vor Metz gestellt. Obwohl es zahlreiche Opfer auf Seiten der Franken gegeben hatte – unter anderem war Bischof Wala gefallen –, konnte ihr heftiger Widerstand die Räuber zum Rückzug bewegen. Anschließend sammelten sie sich jedoch in einem befestigten Heerlager an der Maas bei Asselt, wo sie eine der Pfalzen Karls erobert und mit Erdwällen verstärkt hatten. Diese machten sie seitdem zum neuen Ausgangspunkt ihrer Plünderungen. Notgedrungen entschied der frisch gekrönte Kaiser sich zur Gegenwehr. Ein Heer mit Kriegern aus allen Teilen des Reiches rückte vor, um die nordischen Horden überraschend zu überfallen. Doch dieser Plan wurde von Verrätern aus den eigenen Reihen vereitelt. Dennoch belagerte man das Lager der Nordmannen zwölf Tage lang. Während dieser Zeit kam ihnen ein Unwetter zu Hilfe, das die Mauern der besetzten Pfalz einstürzen ließ, ihren Wall aber nicht beschädigte.

Letztlich konnte Karls Heer die darin eingeschlossenen Nordmannen jedoch trotz ihrer geschwächten Position nicht besiegen. Seine Krieger wurden von einer Seuche befallen, die allerdings auch die Belagerten nicht schonte. So wurde auf gegenseitigen Wunsch eine friedliche Einigung getroffen. Gegen das Versprechen des freien Abzugs schwor Siegfried, der Nordmannenkönig, bis zu Kaiser Karls Tod nicht mehr in dessen Reich einzufallen.

Richardis und Liutward rieten Karl, Siegfried zusätzlich der Taufe zu unterziehen. Wenn er seinen heidnischen Göttern abschwor und den Erlöser als seinen Herrn annahm, würde ihn das, wie sie meinten, friedlich stimmen. Siegfried willigte ein und erhielt den Kaiser als Taufpaten. Zwei Tage dauerten die Festlichkeiten. Danach wurde der König der Nordmannen mit reichen Geschenken und dessen gesamtes Heer entlassen. Der Kaiser hatte gesiegt, doch gleichzeitig die Möglichkeit vertan, einen entscheidenden Schlag gegen die nordische Plage zu führen. Zu viele seiner Edlen hielten seine Entscheidung für wertlos, allen voran Erzbischof Liutbert von Mainz, der wie Liutward etliche Jahre im Reichenauer Kloster geweilt hatte und ihm das Amt des Erzkapellans neidete.

Karls Autorität erlitt Risse, die sich in der Folgezeit noch erweiterten, denn gänzlich vertrieben hatte man die Nordmannen tatsächlich nicht. Stattdessen kam es in den darauffolgenden Jahren zu weiteren Raubzügen, Friedensschlüssen und einer großen Menge an Tribut- und Lösegeldzahlungen, um die nordischen Krieger von erneuten Überfällen im Kaiserreich abzuhalten.

Nur drei Jahre nach der Belagerung von Asselt starb Karls Neffe Karlmann, der als westfränkischer König regiert hatte. Somit wurde Karl auch zum Herrscher des Westfrankenreiches ausgerufen. Ein gewaltiges Reich vereinte sich nun unter seiner Krone.

Die enorme Verantwortung und die fortschreitende Krankheit, die seinen Körper gefangen hielt, schwächten den Kaiser so schwer, dass er Richardis nun erlaubte, einen Medicus hinzuzuziehen. Der zur Verschwiegenheit verpflichtete Mann erprobte die unterschiedlichsten Heilmethoden, jedoch ohne Erfolg. Karls kräftezehrende Anfälle verschwanden nicht. Es war zum Verzweifeln. Nicht auszudenken, wenn Karl stürbe.

Nicht zum ersten Mal sorgte Richardis sich, wer seine Nachfolge antreten würde. Wenn sie doch nur einen Sohn hätten! Doch diese Möglichkeit hatte Karl aus irgendeinem Grund unterbunden. Inzwischen glaubte Richardis nicht mehr, dass ihr Gemahl sie abstoßend fand. In gewisser Weise schien er sie sogar zu lieben, wenn auch mehr auf die Weise, wie ein Bruder seine Schwester liebte.

Im vierzehnten Jahr ihrer Ehe hatte Karls Konkubine Rothaid einen Sohn geboren. Richardis neidete ihr den wohlgeratenen kleinen Jungen. In seinem siebten Lebensjahr übergab Karl ihn Ruodho, dem Abt des Reichenauer Klosters, damit er dort eine umfassende Bildung erhielt. Bernhard war Karls einziger leiblicher Spross, doch noch immer ein Kind und als illegitimer Bastard nicht nachfolgefähig. Nun, da Karl immer heftiger erkrankte, versuchte er, diesen Sohn zu legitimieren, doch der Versuch schlug fehl. Der eigens zu diesem Zweck aus Rom ins Frankenreich einberufene Papst verstarb unterwegs. Damit war die Chance auf einen leiblichen Nachfolger vertan, denn Karls Kräfte schwanden zusehends und seine Macht bröckelte. In einer perfekt inszenierten Intrige legte man seinem Erzkapellan Liutward zur Last, dass er, ein Alemanne von niederster Herkunft, von der Hand des Kaisers so hoch über alle Menschen im Reich erhoben worden sei, dass er schließlich von allen, mehr als der Kaiser selbst, gefürchtet und geachtet wurde.

Da auch Richardis, wie alle Welt wusste, Liutward sehr schätzte, geschah etwas, mit dem sie nicht im Mindesten gerechnet hätte. Im Sommer 887 setzte man sie und auch ihn anlässlich des Reichstages auf dem königlich-kaiserlichen Krongut in Kirchen bei Lörrach gefangen. Noch am selben Tag zerrte man Richardis vor das Gericht und beschuldigte sie, die kaiserliche Ehe mit Liutward gebrochen zu haben. Richardis fiel aus allen Wolken. Karl, der wieder einmal krank darniederlag, konnte ihr nicht beistehen. Vor drei Monaten hatte er bei dem Versuch, die Krankheit endlich zu bezwingen, seinen Schädel öffnen lassen, damit, was auch immer darin stecke, entweichen könne. Noch hatte er sich nicht gänzlich von diesem schweren Eingriff erholt.

Vielleicht will er mir auch gar nicht helfen, dachte Richardis voller Schrecken, als Liutbert, der eigens angereiste Erzbischof von Mainz, die Anklageschrift verlas. *Gewiss weiß Karl, wessen man mich beschuldigt. Ist es da so abwegig, dass er mir sein so mühsam aufgebautes Vertrauen entzieht?*

Auch Liutward hatte man vor das Gericht befördert. Die Ankläger hatten ihn seiner kostbaren Kleider entledigt und ihm ein Büßerhemd übergestreift. Ein bitterer Zug lag um seinen Mund. Noch immer war er ein attraktiver Mann, dem man das Vergehen des Ehebruchs durchaus zutrauen konnte. Er hielt die Augen gesenkt. Kein Blick von ihm streifte Richardis.

„Was Ihr da vorbringt, ist eine Ungeheuerlichkeit", verteidigte Richardis sich gegen ihren Ankläger. „Ich bin immer noch jungfräulich, denn kein Mann hat mich bisher berührt."

„Das sollen wir Euch glauben?", höhnte Liutbert.

„Gott soll mein Zeuge sein, dass dies der Wahrheit entspricht. Wenn Ihr mir nicht glaubt, werde ich mich einer Feuerprobe unterziehen. Der Herr wird meine Unschuld beweisen!"

Da öffnete sich die Tür. Karl, grau im Gesicht und von Krankheit gezeichnet, betrat mit schleppenden Schritten den Raum. Eilends traten Helfer hinzu, um den Kaiser auf den Thronsessel zu geleiten. Dort ließ er sich schwerfällig nieder. Keiner sprach ein Wort.

Mitleid regte sich in Richardis über das Leid ihres Mannes, mit dem sie nun schon seit fünfundzwanzig Jahren in kinderloser Ehe verbunden war.

Seine Stimme klang leise und drang dennoch bis in die Ecken des Kronsaales. „Ich bezeuge hiermit vor Gott und den Menschen, dass ich mit dieser Frau nie die Ehe vollzogen habe. Ihr Jungfernblut war eine Täuschung, die ich selbst verschuldete."

Karls Bekenntnis trieb Richardis Tränen in die Augen. War das der Beweis seiner Liebe? Eine Wiedergutmachung dessen, was er ihr verwehrt hatte?

„Dennoch kann sie die Ehe mit Liutward gebrochen haben. So soll sie bekommen, was sie verlangt, damit Gott über Schuld oder Unschuld entscheide", beschloss Liutbert ohne Erbarmen.

Und so geschah es.

Nach einem Tag, den Richardis mit Fasten und Beten zugebracht hatte, ließ man sie mit nackten Füßen über glühende Pflugscharen gehen. Karl und der Erzbischof waren bei der Feuerprobe zugegen und beobachteten jeden ihrer Schritte. Die Schmerzen waren unbeschreiblich, doch der Herr hielt seine Hand über sie. Die Wunden eiterten nicht und verheilten binnen dreier Tage.

„Gott hat in seiner Gnade mein Weib von jeglicher Schuld reingewaschen", verkündete Karl nach der abschließenden Untersuchung von Richardis' Fußsohlen. „Doch wegen der schweren Anschuldigung ist ihre Ehre versehrt und ich kann nicht mehr mit ihr leben. Sie mag in ein Kloster ihrer Wahl gehen. Liutward aber entziehe ich das Amt des Erzkapellans sowie die Lehen, die er durch mich erhalten hat. Noch heute verbanne ich ihn aus meiner Nähe und der des kaiserlichen Hofes."

Mochte es der Druck der Bischöfe und des Adels sein, die den Kaiser zu dieser Entscheidung getrieben hatten, oder der Versuch, seine angeschlagene Ehre zu wahren. Mit seinem Beschluss beraubte Karl sich nicht nur seiner engsten Getreuen, sondern auch seiner wichtigsten Berater.

Ein letztes Mal war Richardis mit ihrem Gemahl in den kaiserlichen Gemächern allein. Er sah alt und schwach aus, ausgezehrt von der Krankheit, die auch der chirurgische Eingriff nicht heilen konnte. Die Stütze, die sie ihm gegeben hatte, würde ihm fehlen und selbst Rothaid, deren Umarmung er vorgezogen hatte, war vor zwei Jahren an einem Fieber gestorben.

„So lebt denn wohl", sagte sie warm, von plötzlicher Traurigkeit erschüttert. „Der Herr schütze Euch."

„Und Euch", erwiderte Karl. „Gewiss ergeht es Euch ohne mich besser. Schließlich kehrt Ihr zurück in ein Leben, das unsere Väter Euch entrissen haben."

Richardis hatte sich entschieden, in ihre elsässische Heimat zurückzukehren und in die von ihr gegründete Abtei in Andlau einzutreten. Dort wollte sie der Welt endlich für immer entsagen.

Sieben Monate später wurde ihr geistliches Leben durch einen weltlichen Boten unterbrochen. „Ich bringe Euch Kunde von Eurem Gemahl", sagte er. „Leider muss ich Euch mitteilen, dass er verstorben ist."

Richardis senkte den Blick und strich mit fahrigen Fingern ihren Habit glatt. Trotz allem, was geschehen war, zog ein Gefühl der Trauer in ihre Brust. „Was ist geschehen?"

Der Bote räusperte sich. „Kurz nachdem Ihr ihn verlassen hattet, erkrankte er auf das Schwerste. Schon dort fürchteten wir, er könne sterben. Die meisten seiner Vertrauten wendeten sich von ihm ab und verbanden sich mit seinem Neffen Arnulf von Kärnten. Wie Ihr wisst, ist er der illegitime Sohn seines Bruders Karlmann. Seinetwegen musste Karl abdanken. Seitdem regiert Arnulf das Reich. Er ließ Karl aber einige Orte in Alemannien, die ihm ein sorgenfreies Leben ermöglichen sollten. Nur wenige Wochen später hat der Herr ihn zu sich geholt."

Sein mitfühlender Blick traf Richardis. „Grämt Euch nicht. Sein Körper ruht nun in der Abteikirche des Klosters auf der Reichenau. Als man ihn dort ehrenvoll begrub, sahen viele, wie der Himmel sich öffnete. Alle sollten sehen, dass der, der die irdischen Würden verachtet, Gott würdig im Himmelreich dienen darf."

„Möge er in Frieden ruhen", erwiderte Richardis, während sie sich bekreuzigte. Karl hatte immer strikt von einer Nachfolge Arnulfs abgesehen. Nun hatte er sich dem doch beugen müssen. Aber auch das Schicksal eines weiteren Weggefährten lag ihr am Herzen. „Wisst Ihr, was mit Liutward geschah?"

Ein verächtliches Zischen drang zwischen den fauligen Zähnen des Boten hervor. „Als Karl ihn seines Amtes enthoben hatte, suchte Liutward eilends Arnulf von Kärnten auf. Dort sann er auf Rache und einen neuen Platz im hellen Schein der Mächtigen. Wie man so hört, war er maßgeblich an der Entmachtung des Kaisers beteiligt."

Bestürzt schüttelte sie den Kopf.

Richardis lebte noch etliche Jahre als Äbtissin in ihrer Abtei in Andlau. Das Jahr ihres Todes ist ungewiss. 1049 wurde sie von Papst Leo IX. heiliggesprochen.

Liutward erlangte nie mehr die politische Macht, die er bei Karl innehatte. Seine letzten Jahre verbrachte er in Italien, wo er auf der Flucht während eines kriegerischen Einfalls der ungarischen Magyaren starb.

Confiteor

von Tanja Kinkel

Anno Domini 909

s reiste sich nie gut im Januar. Laut schnaubten die Gäule, die den Wagen zogen, in dem der mächtigste Mann des Reiches durch die Winterkälte gebracht wurde. „In unserm Mainz könnten wir jetzt im Warmen hocken", murmelte der Schreiber und rieb sich die Finger. Gleichzeitig schielte er nach dem Pelz, in den sein Herr gehüllt war. Hatto ignorierte ihn. Sein Schreiber war ein junger Mann, der konnte schlottern. Hatto dagegen stand kurz davor, die Sechzig zu erreichen, und manchmal dachte er, er könne jedes einzelne Jahr in seinen Knochen spüren. Gewiss, die Bischofspfalz in Mainz ließ sich gut beheizen; sie war einst eine römische Villa gewesen, und die Römer waren ein findiges Volk mit ihren Aquädukten und Bodenheizungen. Aber Hatto hatte seine Gründe, die Bequemlichkeit des mächtigsten Bischofssitzes im Reich hinter sich zu lassen und mitten im Winter an den Ort seiner Jugend zurückzukehren. Da seine Stimme nach wie vor die mächtigste in Ostfranken war, musste er diese Gründe niemandem erklären.

Inzwischen schien dem Schreiber eingefallen zu sein, dass man mit Beschwerden keinen guten Eindruck machte auf seinen Vater in Christo, der gleichzeitig auch Vater des ostfränkischen Reiches war. Schließlich hatte der junge Mann ebenso wie Hatto die Mönchsgelübde abgelegt und damit eigentlich jeder Bequemlichkeit abgeschworen. „Es ist nur, ich sorge mich um dich, Herr", setzte er eilig hinzu. „Bei den Schwaben herrscht so oft der Geist des gottlosen Aufruhrs. Gegen Kaiser Arnulf so gut wie gegen unsern König Ludwig, für den du regierst."

„Regiert hast", verbesserte Hatto ruhig. „Der König ist nunmehr mündig. Und ich bin selbst Schwabe, mein Sohn, hast du das vergessen?"

Der Schreiber hüstelte, denn er war offenkundig der Meinung, dass der fünfzehnjährige König Ludwig zwar dem fränkischen Gesetz nach ein Mann sein mochte, aber in Wirklichkeit nach wie vor den weisen Ratschlägen des Mannes folgte, der die Geschicke des Reiches seit dem Tod von Ludwigs Vater gelenkt hatte.

„Du magst als Schwabe geboren sein, Herr, aber im Herzen bist du doch ein Mann vom Rhein. Nicht so einer, der sich gegen einen gottgesalbten Herrscher stellen würde wie die nichtsnutzigen Kerle, die Kaiser Arnulf von Konstanz den Thron streitig machten, oder, Gott bewahre, wie die Babenberger vor zwei Jahren. Auf deine Treue hätte unser Herr Jesu die Kirche bauen können wie bei Petrus, so felsenfest ist sie."

Der Schreiber musste sich entschieden Sorgen um seinen Posten machen, wenn er derart schmeichelte. Schließlich gab es viele, die in der Kanzlei des Erzbischofs von Mainz arbeiten wollten. Hatto wusste das nur zu gut. Auch ihn hatte einst ein solches Begehren geplagt, als er ein junger Mann auf der Reichenau gewesen war. Damals war er überzeugt, dass die Gaben, mit denen Gott ihn beschenkt hatte, zu mehr nutze waren als dazu, im Skriptorium Dokumente abzuschreiben.

„Wenn du so eine hohe Meinung von mir hast, mein Sohn", bemerkte er sanft, „dann wird es dich wohl erschüttern, zu hören, dass ich mich einst auf die Seite eines Rebellen gegen den von Gott gesalbten Herrscher schlug, und es nie bereut habe."

Der junge Mann verschluckte sich hörbar. Im Halbdunkel des Wagens konnte Hatto die Gesichtszüge seines Schreibers nur verschwommen ausmachen, doch es schien ihm, dass sie sich purpurrot färbten. Es war wohl etwas herzlos, ihn so zu necken, dachte er, doch auch dies gehörte zu den Privilegien des Alters und der Macht.

„Ich weiß, dass ihr jungen Leute euch oft schwertut, länger als bis zur letzten Jahreswende zurückzudenken, aber es ist nur wenig mehr als zwanzig Jahre her, da regierte Kaiser Karl, der dritte seines Namens. Wenn man es denn regieren nennen konnte. Mehr und mehr Fürsten fielen von ihm ab, und ich sah das Ende kommen, für ihn und das Reich. Und für die Abtei, der ich angehörte, denn er war unser wichtigster Förderer. Wenn ich mich nicht rechtzeitig auf Seiten Arnulfs geschlagen hätte, noch ehe Karl entmachtet wurde, wer weiß, was aus der Abtei geworden wäre. Zum Abt hätte man mich wohl nicht gewählt, so wie es nach Karls Tod eilends geschah, und ganz gewiss hätte ich später nie das Erzbistum Mainz erlangt. Was meinst du nun, mein Sohn, ist Treue meine Natur oder Verrat?"

Schweigen kehrte im Wagen ein. Hatto stand kurz davor, sich seines Schreibers zu erbarmen, der ihn schließlich nicht offen kritisieren konnte, als der junge Mann sich räusperte und meinte: „Das weiß Gott allein, Herr."

Nicht mehr ganz so offen schmeichelnd, vielleicht sogar tadelnd; nicht schlecht, dachte Hatto. Wenn man in dieser Welt bestehen wollte, dann musste man neben Ehrgeiz auch eine gewisse Portion Mut beweisen.

„So ist es. Er allein. Doch ich muss zugeben, dass ich selbst auch einige Vermutungen zu diesem Punkt hege. Wer weiß, ob nicht in meinem Ende mein Anfang liegt", sagte Hatto.

„Willst du etwa zu deiner ersten Abtei zurückkehren, um dort dein Leben zu beschließen, Herr?" platzte der Schreiber heraus. „Ist das der Grund für diese Reise?"

„Es gäbe weit schlechtere Orte als eines der schönsten, gelehrtesten und reichsten Klöster der Christenheit, um sein Dasein zu beschließen," erwiderte Hatto. „Doch nein. Als Bischof bin ich meinem Bistum vermählt, und als guter Ehemann kann ich Mainz nicht im Stich lassen. Vor allem, wenn ich nicht weiß, wer mein Nachfolger wird. Immerhin krönt der Bischof von Mainz, und nur er, den wahren König. Eine solche Macht legt man nicht in unbekannte Hände, in Zeiten wie den unsern."

Der Schreiber zögerte, dann fragte er: „Glaubst du denn auch, dass wir uns dem Ende aller Zeiten nähern, jetzt, wo das letzte Jahrhundert des Jahrtausends begonnen hat, Herr? Manche Leute meinen, das würde alles erklären. Warum das Reich des großen Karl in so viele kleinere Reiche auseinanderbrach. Warum schließlich ein Kind König wurde. Warum in Rom fünf Päpste in zehn Jahren regierten und einander noch jenseits des Grabs verfolgten. Als ich die Geschichte von der Leichensynode gehört habe, Herr, da hab ich's für bösartiges Gerede gehalten. Das kann doch nicht sein, hab ich gedacht, dass ein Papst die Leiche eines andern ausgraben lässt, über ihn Gericht hält, dem Leichnam die Schwurfinger abhackt und ihn in den Tiber werfen lässt. Und dann selbst eingekerkert und stranguliert wird wie ein Dieb. Das kann doch nur sein, wenn der Antichrist bereits unter uns weilt!"

Jetzt hatte der Junge es doch geschafft: Hatto fröstelte. Dieser Tage versuchte er, so wenig wie möglich an die Ereignisse jenseits der Alpen zu denken. Er hatte den verstorbenen Arnulf auf seinen Romfahrten begleitet, und gut, es war ihnen gelungen, Papst Formosus zu bewegen, Arnulf zum Kaiser zu krönen – zum Gegenkaiser, würden die Welschen sagen, hatte doch der vorherige Papst einen der ihren gesalbt. Bei der Gelegenheit hatte Formosus auch Hatto als Bischof von Mainz bestätigt und ihm die Erlaubnis erteilt, auf der Reichenau eine neue, Sankt Georg geweihte Kirche zu bauen. Sogar das Haupt des heiligen Georg selbst hatte der Papst ihm überreicht. Doch dann hatte sich das Rad der Fortuna gedreht. Dahin waren die italienischen Besitztümer des fränkischen Reiches, dahin Kaiser Arnulf, dahin auch Papst Formosus, seine Leiche vom Nachfolger geschändet auf so groteske Weise, dass nicht nur Hattos Schreiber zunächst an üble Verleumdung und erfundenes Gerücht geglaubt hatte, bis die Bestätigung aus Rom kam. Seither hatte es in kurzer Folge drei weitere Päpste gegeben, die oft nur Tage auf dem Heiligen Stuhl saßen, und der jetzige Papst, Sergius III., sollte angeblich nicht weniger als zwei von ihnen auf dem Gewissen haben. Der Antichrist? Fast wollte Hatto es glauben, denn Sergius hatte die Verdammung von Formosus für gültig und damit alle durch Formosus erteilten Weihen für ungültig erklärt. Handelte der jetzige Papst rechtens, dann war Hatto kein Bischof, der verstorbene Arnulf kein Kaiser und der junge Ludwig kein König, denn nur die Salbung durch ihn, Hatto, machte Ludwig dazu. Aber wenn Papst Sergius kein wahrer Nachfolger Petri war und damit seine eigenen Dekrete ungültig, wer führte dann die Kirche? Der östliche Kaiser im fernen Byzanz etwa? Nicht doch. Wenn Ludwig erst vom König zum Kaiser wurde, dann wäre er wohl ein rechter Führer der Christenheit, doch eine solche Salbung konnte nur vom Papst erteilt werden, und Papst war Sergius.

„Die Endzeit", murmelte Hatto. „Das mag wohl sein."

Wieder dachte er an seine jüngeren Jahre. Wie klar damals sein Weg für ihn gewesen war. Vom einfachen Mönch der Reichenau zum Kaplan in Kaiser Karls Gefolge, vom Kaplan für Karl zum Parteigänger Arnulfs, zum Abt der Reichenau, zum Abt von Lorsch, Weißenburg und Klingenmünster, zum Erzbischof von Mainz, zum Regenten des Reichs. Klar war der Weg gewesen, klar auch die Opfer, die man bringen musste, um ihn zu gehen. Und jetzt? Wenn das Ende der Zeiten nahte, dann auch das Jüngste Gericht.

Hatto streckte den Kopf aus dem Wagen und rief den Leiter seiner Eskorte zu sich. In diesen unsicheren Zeiten konnte selbst der höchste Kleriker des ostfränkischen Reiches nicht sicher vor Überfällen sein, doch es gab eine beträchtliche Schar Bewaffneter, die ihn schützten.

Sein Dienstmann war mit Spritzern aus altem Schnee und Dreck bedeckt, aber er meldete, dass sich bisher keine Strolche hatten blicken lassen.

„Lasst die Pferde noch etwas schneller gehen", befahl Hatto. „Ich will den Bodmansee noch heute erreichen."

Lacum Potanicum – und inmitten von ihm die gesegnete Insel. Sein Anfang. Seine Rechtfertigung. Ja, wenn das Ende kam, dann gäbe es keinen besseren Ort, um es zu erwarten. Aber wartete er wirklich auf das Ende? Dann hätte er wohl nicht dem jungen König nahegelegt, nach Bodman zu kommen und ihn dort zu treffen. Es gab Dinge, die geregelt werden mussten, so einfach war das. Und es war zu lange her, dass Hatto die Insel betreten hatte, deren Abt er immer noch war.

„Nach Hause", murmelte er. „Ich will nach Hause."

In früheren Jahren hatte Hatto die Besuche in seiner ersten Abtei immer in einer warmen Jahreszeit stattfinden lassen, nicht nur der bequemeren Reisemöglichkeiten wegen, sondern auch, weil der Duft all der Apfelbäume im Frühling schon von Weitem die Nase streichelte und der frühe Herbst mit seinen Trauben den Gaumen ergötzte. Er war kein Schlemmer, doch als er Bischof wurde, hatte er sich von den strengen Ordensregeln entbunden, schon allein deswegen, weil er sonst nie seine gewaltige Arbeitslast hätte bewältigen können.

Bei diesem Besuch jedoch sah er die *Insula felix*, die glückliche Insel, wie sein Vorgänger Walahfrid Strabo sie in seinen Gedichten nannte, in der Dämmerung eines kalten Wintertags wieder. Nur von den Fackeln der Mönche, denen der vorauseilende Dienstmann Hattos Ankunft gemeldet hatte, wurde sie erleuchtet. Kaum eines der Gesichter, die sich im Licht der Flammen aus der Dunkelheit herausschälten, kam ihm bekannt vor, was Hatto verstörte. Schließlich war er hier immer noch Abt. Gewiss, seine späteren Pflichten hatten dafür gesorgt, dass er die unmittelbare Leitung der Abtei an Stellvertreter hatte übertragen müssen, doch er hatte sich eingeredet, auch aus der Ferne ein guter Abt zu sein. Hatte nicht er dafür gesorgt, dass Kaiser, König und Papst der Abtei weiter die freie Abtswahl zugestanden, statt, wie bei den meisten anderen Abteien üblich, die Äbte zu ernennen? Hatte er nicht wichtige Reliquien auf die Insel geschafft, was dafür sorgte, dass viele Pilger, und dadurch auch Geld, zu der Abtei kamen, um vor ihren Schreinen zu beten? Das wunderschöne Sacramentum, das für ihn auf seiner Insel geschrieben worden war, mit den exquisiten Lettern und Illuminationen; solche Schönheit konnte nur geschaffen werden, wo Zeit, Mittel und Bildung vorhanden waren – und für all das hatte Hatto gesorgt.

Nur die Mönche, die ihm ehrfürchtig entgegenstarrten, waren jung und ihm fremd. Er hätte kaum einen von ihnen beim Namen nennen können. Ein Abt sollte aber der Vater seiner Mönche sein. Davon entband auch kein Bistum. Die Mönche baten um seinen Segen, den Hatto gewährte. Als Regent hatte er Übung darin, mit Dutzenden von Menschen so zu sprechen, als wüsste er, wer sie waren, aber er hätte nicht geglaubt, dies einmal in seiner Heimat nötig zu haben.

Zu seiner Erleichterung tauchte endlich eine vertraute Gestalt aus seiner Jugend auf, Frutolf, der Bruder Cantor. Als Frutolf vor ihm niederknien wollte, schloss Hatto ihn in seine Arme. Frutolf und er waren niemals beste Freunde gewesen, dazu waren sie zu verschieden; Frutolf hatte nie mehr vom Leben gewollt, als Gott in seinen Liedern zu preisen, und hatte nie ein Geheimnis daraus gemacht, bei jeder Wahl nicht für Hatto als Abt gestimmt zu haben, da er Hatto für zu weltlich gesinnt hielt. Aber er war ihm vertraut und Teil des Anfangs, der Hatto zu dem Mann gemacht hatte, der er geworden war. Genau so einen Menschen wie ihn brauchte Hatto jetzt.

Sie saßen schließlich beisammen in der Pfalz, wo einst Kaiser Karl und die Kaiserin Richardis bei ihren zahlreichen Besuchen gewohnt hatten. Hatto bemerkte beifällig, dass frisches Stroh auf dem Boden ausgestreut worden war. Sogar heißen Würzwein hatte man ihm bereitet, genau das Richtige nach der langen Reise in Januarkälte.

„Dominus", sagte Frutolf, „Vater Abt, die Abtei hat ein Geschenk für dich. Eine neue Abschrift der Visio Wettini unseres Wahlafrid Strabo ist fertig geworden."

„Ein sehr sinniges Geschenk", entgegnete Hatto trocken. Die Visio Wettini begann mit der Schilderung von Geistlichen in der Hölle, die wegen reich gedeckter Tafeln und Macht auf die Reichtümer von Geist und Seele verzichtet hatten. Da aber Wahlafrid Strabo noch ein halbes Jahrhundert nach seinem Tod der größte Dichter war, den das Kloster je hervorgebracht hatte, hätte niemand dem Auftraggeber Respektlosigkeit vorwerfen können. „War es dein Einfall?"

Frutolfs Mundwinkel zuckten. Er trug die Kutte, wie sie der heilige Benedikt vorgeschrieben hatte, und Holzschuhe, der Winterkälte zum Trotz. Hatto war sich seiner warmen Stiefel nur zu bewusst, doch es gab viel wichtigere Dinge, wegen derer er Schuldgefühle hätte haben können.

„Bist du gekommen, um die neue Kirche in Oberzell einzuweihen, Vater Abt?" fragte er, ohne auf Hattos Bemerkung einzugehen. „Sie ist noch nicht so weit. Aber selbst der rohe Bau wird bereits von Pilgern besucht, die vor dem Haupt des heiligen Georgs beten wollen."

„Ein Stück des Hauptes", verbesserte Hatto. „Das gesamte Haupt hat mir seine Heiligkeit der Papst seinerzeit nicht überlassen."

„Es sieht dir nicht ähnlich, dich mit Halbheiten zufriedenzugeben, Dominus", entgegnete Frutolf, und Hatto schloss die Augen. Ja, Frutolf war noch immer so scharfzüngig, wie die Intonation seiner Lieder süß war.

„Wir werden alle älter, Bruder Frutolf. Ich nicht weniger als du. Mit dem Alter wird man milder."

„Verzeih, wenn es mir schwerfällt, dich als alten Mann zu sehen, Vater Abt. Oder als milde. Es ist doch noch keine drei Jahre her, da zogst du für den König zu Felde, hast sein Heer gegen den Babenberger befehligt und ihn besiegt. Das erzählt man sich wenigstens. Stimmt das etwa nicht?"

„Damals war der König keine zwölf Jahre alt und zu jung, um sein Heer selbst zu befehligen", gab Hatto zurück. „Wer hätte es sonst tun sollen? Und es war nötig. Die Babenberger haben den Reichsfrieden gebrochen. Adalbert von Babenberg war nichts als ein brandschatzender Rebell."

„So hätte Kaiser Karl einst auch über seinen Neffen Arnulf sprechen können", kommentierte Frutolf gelassen.

„Erfolgreiche Rebellen gibt es nicht, Bruder. Es gibt Sieger, die sich durch Gottes Hilfe durchgesetzt haben, weil ihre Sache von Anfang an die rechte war, und es gibt gescheiterte Rebellen", sagte Hatto und öffnete die Augen wieder, denn einer der Laienbrüder betrat das Gemach, um dem Abt und dem Bruder Cantor mehr heißen Würzwein zu bringen. Als er verschwunden war, nahm Hatto den Becher in die Hände und spürte die wohlige Wärme in seine Knochen steigen, noch ehe er ihn zum Mund führte. Frutolf dagegen ließ seinen Becher stehen.

„Sei nicht so unerträglich tugendhaft", sagte Hatto verärgert. „Die selbstgefälligen Pharisäer liebt unser Herr nämlich auch nicht. Da sind ihm die tapferen Sünder lieber. So gut sind meine Kenntnisse der Heiligen Schrift immer noch, dass ich mich an die Hochzeit von Kapharnaum erinnere, wo er selbst Wasser in Wein wandelte, damit weiter gefeiert wurde. Also trink."

Erneut zuckten Frutolfs Mundwinkel, und diesmal wurde ein Lächeln daraus. Er nahm den Becher auf und nippte daran. Dann fragte er leise: „Warum bist du hier, Hatto, mitten im Winter? Hast du ihn endlich zur Neige getrunken, den Becher der Macht?"

Hatto verwies ihm den Gebrauch seines Namens ohne den respektvollen Titel nicht. Schon, dass ihn Frutolf vorher Abt statt Bischof genannt hatte, war ein deutliches Zeichen gewesen.

„Mein junger Schreiber meint, das Ende aller Zeiten sei nahe", erwiderte er und trank. „Vielleicht will ich es dort verbringen, wo mein Leben in Christo seinen Anfang nahm."

Frutolf schnaubte verächtlich. „Unsinn. Wenn du wirklich glaubtest, dass uns das Jüngste Gericht bald ereilt, dann würdest du vorher noch versuchen, ob du den Antichristen nicht doch besiegen oder zumindest mit ihm verhandeln könntest, um eine Verzögerung zu erreichen."

„Bruder Frutolf, ich weiß nie, ob deine Meinung von mir zu hoch oder zu niedrig ist."

„Warum sollte dich das kümmern?", fragte Frutolf. „Bin ich doch kein Fürst der Welt oder der Kirche und auch kein Heiliger, der für dich Wunder wirken könnte."

„Du könntest mir die Beichte abnehmen", sagte Hatto mit einem jähen Entschluss.

Frutolf stand auf. „Nicht hier und nicht jetzt. Wenn du das wirklich willst, Vater Abt, Herr Bischof, Regent des ostfränkischen Reiches, dann nicht aus einer Laune heraus, weil du eine lange Reise hinter dir hast und der Wein dich rührselig macht."

Er verbeugte sich und wartete Hattos Erlaubnis nicht ab, ehe er den Raum verließ. Hatto starrte in die Dunkelheit und stellte fest, dass sein Becher leer war. Nach kurzem Zögern nahm er den Becher, an dem Frutolf nur genippt hatte, und trank.

Als der Subprior die Brüder zur zweiten Stunde zur Matutin weckte, hatte Hatto gerade genug geschlafen, um seinen schweren Kopf zu spüren. Natürlich hätte er im Bett bleiben können, aber er wollte nicht, dass all diese jungen Mönche, die ihn noch nicht kannten, als ersten Eindruck von ihm die Vorstellung behielten, er sei für den Tagesablauf eines Mönchs schon zu sehr verweichlicht.

Der Chor des Münsters war von drei Kerzen erleuchtet, und Frutolf als Bruder Cantor stand bereit, um nach dem Credo und dem Paternoster die Lobgesänge anzustimmen. Seine Stimme war noch immer schön, doch Hatto musste mehr als beabsichtigt getrunken haben, denn sie hallte in seinem Kopf unangenehm wider. Als die Reihe an den Abt kam, den Segen zu sprechen, trat sein langjähriger Stellvertreter wie selbstverständlich vor, ehe er sich eines Besseren besann und verlegen zu Hatto blickte.

Hatto sprach den Segen und wurde sich bewusst, dass er nicht mehr genau wusste, wann er das letzte Mal zur Matutin aufgestanden war. Als Bischof und Regent hatte er wohl manchmal ganze Nächte hindurchgearbeitet, aber die frühmorgendliche Andacht hatte nicht mehr zu seinem Alltag gehört.

Bis die Morgendämmerung kam und es Zeit für die Laudes wurde, hatte sich zumindest das Pochen in seinem Kopf gebessert und er fühlte sich in der Lage, das Hochamt zu leiten. Danach wollte er sich in sein Gemach zurückziehen, um sich für den Tag wärmer anzukleiden. Schließlich hatte er vor, bis nach Oberzell zu spazieren, um nach dem Bau der Sankt-Georgs-Kirche zu sehen.

Der Subprior räusperte sich. „Vater und Bischof, willst du denn nicht in den Kapitelsaal mit uns kommen, um die Übertretungen zu beurteilen?"

Genau das hatte er eigentlich vermeiden wollen. Doch nun blieb ihm nichts anderes übrig, als voranzuschreiten und mitanzuhören, wie nach einer Rezitation aus der Ordensregel die Namen jener Brüder verlesen wurden, die sich eines Vergehens schuldig gemacht hatten. Die Brüder traten der Reihe nach vor, um ihre Reue zu bekennen und ihre Strafe entgegenzunehmen. Hatto musterte einen, der ihm kaum dem Novizenalter entkommen zu sein schien und dem vorgeworfen wurde, während der Rezitationen mehrfach laut gelacht und einen Mitbruder zum Schwatzen angestiftet zu haben. Er fragte sich, ob er selbst je so jung gewesen war. Die ganze Zeit über schaute Bruder Frutolf dabei Hatto direkt an.

„Liebe Brüder", fragte der Prior, „gibt es noch jemanden, der neue Klage zu erheben hat?"

Jeder Bruder durfte einen anderen wegen eines Vergehens gegen die Regeln des heiligen Benedikt oder ob einer allgemeinen Sünde anklagen. Frutolf stand auf, und einen Herzschlag lang war sich Hatto gewiss, dass der Cantor tatsächlich so tollkühn sein könnte, jetzt und hier so etwas wie „Ich klage unseren Abt Hatto an" von sich zu geben. Er konnte Frutolfs sardonisch klingende Stimme hören, wie sie Hattos Sünden auflistete:

Abt von vier Abteien, die er alle vier vernachlässigte, was ihr geistiges Wohlbefinden betraf, denn wie hätte ein abwesender Abt wirklich ein Vater in Christo für die Mönche sein können? Und das Vergehen gegen die Armut war offensichtlich bei einem Mann, der wie ein Fürst reiste, der er mittlerweile war. Was den Gehorsam betraf, so war Hatto keinem weltlichen Herrn mehr gehorsam gewesen, seit er selbst das Reich regierte, und keinem geistlichen, seit er entschieden hatte, nicht mehr auf das zu hören, was aus Rom kam, wo der Papst eines Jahres der ermordete Sünder des nächsten sein konnte. Und dies waren nur die Verstöße gegen seine Gelübde als Mönch.

„Ich klage mich selbst an", sagte Frutolf stattdessen, während er sich bis zum Gürtel entkleidete, wie es für die Büßenden üblich war. „Ich bin schuldig der Sünde des Neides, schuldig wider das zehnte Gebot."

Der Subprior, der vom Prior die Peitsche bekommen hatte, um die sündigen Mönche zu geißeln, wartete, doch da Frutolf nichts weiter sagte, schlug er zu. Wie es die Regel gebot, rief Frutolf: „Durch meine Schuld, durch meine Schuld, durch meine große Schuld, ich will mich bessern!" Sein Oberkörper war der eines älteren Mannes, hagerer als Hattos eigener, sehnig und mit einer fleckigen Haut. Der Subprior beließ es bei drei Schlägen ohne große Wucht, doch Hatto musste sich zusammenreißen, um nicht jedes Mal zusammenzuzucken.

Später am Tag, nachdem er seinen Schreiber mit dem Auftrag fortgeschickt hatte, eine Bestandsaufnahme der in der Klosterbibliothek in den letzten drei Jahren neu dazugekommenen Werke zu machen, war es endlich so weit, dass Hatto sich mit Frutolf zusammen auf den Weg von Mittelzell nach Oberzell machen konnte. Die Sonne schien, und es kam ihm so vor, als wärmten sich die kahlen Äste der Obstbäume unter ihren Strahlen. Der Schnee unter seinen Schuhen knirschte.

„Das war ein eindrucksvolles Beispiel mönchischer Bußbereitschaft heute Morgen, Bruder Frutolf", sagte Hatto. „Obwohl ich an deiner Stelle auch noch den Stolz hinzugefügt hätte. Oder wolltest du mir etwa nicht beweisen, wer von uns beiden der bessere Benediktiner ist?"

Frutolf, dessen vorsichtiger Gang verriet, dass ihn die drei Striemen auf seinem Rücken noch schmerzten, seufzte. „Das stand niemals zur Debatte, Vater Abt. Doch deine Bitte gestern Abend hat mir vor Augen geführt, dass ich tatsächlich immer den Splitter im Auge meines Bruders sah und nie den Balken in dem meinigen. Tatsächlich beneide ich dich glühend, Hatto."

„Fern sei es mir, dich der Lüge zu zeihen, Frutolf, aber gestatte mir, überrascht zu sein. Ich hatte immer den Eindruck, dass du meinen Parteiwechsel von Kaiser Karl zu Arnulf missbilligt hast, dass du glaubst, ich hätte die Wahl zum Abt nur gewonnen, weil die Mehrzahl der Mönche Angst hatte, Arnulf würde uns sonst so wie die Sankt Gallener behandeln, als sie Karls Sohn statt seiner unterstützten, und dass du fändest, ich hätte längst als Abt zurücktreten sollen, damit das Kloster von jemandem geleitet werden kann, der tatsächlich hier ist."

„Nun, das stimmt alles. Aber gleichzeitig beneide ich dich."

„Wünschst du dich wirklich an meine Stelle?" fragte Hatto ungläubig.

„Nein. Ein Bistum wie Mainz zu verwalten, würde mir schon beim ersten Streit zwischen der Bürgerschaft und den Rittern zu viel, bei der Vorstellung, so wie du wiederholt die Alpen zu überqueren, wird mir schlecht, und wenn ich gar die Geschicke eines Königreichs zu lenken hätte, würde ich mir einen Schlag wünschen, der mich schleunigst hinwegträgt."

„Nun, dann …"

„Du hast stets das getan, was du für das Richtige hieltest, und dich nie darin beirren lassen, dir das zu nehmen, was du wolltest, Hatto", unterbrach ihn Frutolf. „Ich dagegen stand beiseite und schwieg, während Dinge geschahen, die ich als Unrecht empfand. Das ist nicht christliche Demut, das ist Mutlosigkeit. Darum beneide ich dich, Hatto. Um deinen Mut."

Hatto schwieg. Eine Zeit lang stapften sie schweigend durch den Schnee, der zum Glück nicht sehr hoch lag; hier am See war das Wetter für gewöhnlich so mild, dass es im Winter nur selten schneite. Hatto atmete die kühle Januarluft ein und fragte sich, was wohl aus ihm geworden wäre, wenn es ihm nicht gelungen wäre, die Aufmerksamkeit des vorigen Erzbischofs von Mainz zu erregen und so zum Kaplan das Kaisers befördert zu werden. Gewiss würde er heute nicht den Chor leiten wie Frutolf. Er war nicht unbeliebt gewesen, doch Frutolf hatte nicht unrecht; es war fraglich, ob die Mitbrüder damals Hatto zum Abt gewählt hätten, wenn sie nicht befürchten hätten müssen, dem von Kaiser Karl so sehr begünstigten Reichenau könne das gleiche Schicksal königlicher Missgunst drohen wie dem Kloster Sankt Gallen, das Karls unehelichen Sohn offen gegen Arnulf unterstützt hatte und dessen Abt kurzerhand von kaiserlichen Truppen abgesetzt und durch einen Günstling Arnulfs ersetzt worden war. Am Ende, dachte Hatto, wäre er mit seinen Talenten für die Verwaltung und zum Verhandeln wohl Cellerar geworden, der Bruder Keller, verantwortlich für die stets wachsenden gewaltigen Ländereien des Klosters und seine Wirtschaft.

„Es ist Zeit für meine Beichte, Frutolf", sagte Hatto abrupt. Sie waren inzwischen auf dem Hügel angelangt, von dem aus man die gesamte Insel überblicken konnte. Geradeaus ging es weiter nach Oberzell, wo Hatto die Umrisse der neuen Sankt-Georgs-Kirche ausmachen konnte, die er gestiftet hatte.

Diesmal protestierte Frutolf nicht. Hatto kniete nieder und spürte sofort den kalten Boden unter seinen Knien. Es ist keine drei Jahre her, da habe ich zu Ross eine Armee angeführt, dachte er. Warum ist mein Körper nur auf einmal so empfindlich?

„In Demut und Reue bekenne ich meine Sünden", begann er, doch die vertraute Formel fühlte sich fremd an auf seinen Lippen, vielleicht, weil er erwartete, dass Frutolf eine spitze Bemerkung über Hattos mangelnde Fähigkeit zur Demut machen würde. Doch Frutolf schwieg. Seine Augen, die von einem in der Wintersonne fast grün wirkendem Graublau waren, blickten aufmerksam auf Hatto.

Er begann mit dem, was Frutolf sicher erwartete: Hochmut statt Bescheidenheit, Ungehorsam wider Kaiser und Papst, das Leben im weltlichen Stil statt mönchischer Askese. Danach wurde es schwerer.

„Ich habe Blut vergossen", sagte Hatto, „wie es den Dienern Gottes strikt untersagt ist."

„Das ist es in der Tat, und das wusstest du, als du die Pflichten eines weltlichen Regenten auf dich nahmst. Ein jeder Fürst wird früher oder später Urteile fällen und Heere führen müssen. Bereust du diese Taten wirklich, Hatto? Denn dann müsstest du auch bereuen, die Macht ergriffen zu haben. Denke daran, auch

Lüge ist Sünde und ein falsches Bekenntnis schlechter als ein nicht bereutes Vergehen, da es Heuchelei in sich birgt."

In Mainz hatte Hatto selbstverständlich einen Beichtvater. Es wäre ein Skandal, wenn der höchste Bischof im Reich diesen Teil des Christenlebens vernachlässigte. Doch sein Beichtvater hätte nie gewagt, ihm dergleichen zu sagen.

Auch deswegen war er hierher zurückgekehrt.

„Gelogen habe ich auch", erwiderte er. „Um Adalbert von Babenberg endlich zur Aufgabe zu bewegen und den Frieden im Reich wiederherzustellen. Ich kann nicht behaupten, dass ich es bereue, nicht wirklich. Adalbert hat sich seinen Tod redlich verdient."

„Weil er ein erfolgloser Rebell war statt ein von Gott begnadeter Sieger?", fragte Frutolf trocken. „Ich dachte mir, dass du das so siehst. Aber wenn du den Tod Adalberts nicht bereust und nicht das Blut, das du als Regent für den kleinen König vergossen hast, was plagt dich dann? Was ist es, das dir in der Seele nagt? Doch gewiss nicht, dass du Kaiser Karl nach all den gemeinsamen Jahren die Treue gebrochen hast. Oder siehst du das nun als Tat, die du für dich selbst getan hast, nicht zum Wohle der Abtei und des Reiches?"

Um sie herum war Stille, die im Sommer unmöglich gewesen wäre, wo Vogelgesang und Bauern die Insel mit steten Geräuschen füllten. „Für das Reich, die Abtei und mich selbst", erwiderte Hatto. „Das eine schließt das andere nicht aus. Nein, ich kann nicht behaupten, dass ich heute anders handeln würde, und so hast du wohl recht: Ich kann keine wahre Reue über diese Tat bekunden."

„Für was dann, Hatto?", fragte Frutolf. „Denn wenn es nicht etwas gäbe, das dir das Innerste zerreißt, dann würdest du jetzt nicht vor mir knien."

Hatto öffnete den Mund, um noch einmal die Endzeit ins Spiel zu bringen, schaute in sich und verwarf die Idee. Was da auf dem Grund seiner Seele lag, war etwas anderes.

„Der König", stieß er hervor, und seine Stimme klang in seinen eigenen Ohren rau, „unser König Ludwig, der das Kind nicht meines Leibes, aber wohl meiner Seele ist, Frutolf, er hat das Mannesalter kaum erreicht, und wenn der Herr ihm noch zwei oder drei weitere Jahre schenkt, dann wird das mehr sein, als ihm sein Leibmedicus derzeit zugesteht. Nicht, dass sie es ihm sagen. Das habe ich ihnen strikt verboten. Verstehst du, was das bedeutet?"

Frutolf seufzte. „Viele Dinge, doch nichts davon klingt gut. Aber sag mir, Hatto, was bedeutet es dir? Ist es, dass mit dem jungen Ludwig der letzte Nachfahr des großen Karl kinderlos stirbt? Dann werden die fränkischen Fürsten eben einen der Ihren zum nächsten König wählen. Du willst mir doch nicht erzählen, dass keiner von ihnen genug Vernunft und Tatkraft hat, um das zu regieren, was noch vom Frankenreich übrig ist? Oder fürchtest du einen blutigen Krieg zwischen ihnen? Das wäre in der Tat von Übel, gerade für die Armen und Schwachen, die zwischen den Mächtigen zerrieben werden wie Korn zwischen den Mühlsteinen. Wenn es das ist, was dich plagt, Hatto, dann sage ich dir: Knie nicht, sondern sorge dafür, dass jetzt schon die Macht dessen gestärkt wird, der nach dem Tod Ludwigs am besten zum König geeignet ist, auf dass er ohne Krieg das Amt antritt!"

„Glaubst du, das weiß ich nicht?", brauste Hatto auf. „Was meinst du, warum ich die Lahngauer gegen die Babenberger unterstützt habe? Der Konrad taugt von allen noch am besten dazu, auf dem Thron zu sitzen."

„Also nicht, weil Adalbert von Babenberg so ein böser Rebell war", stellte Frutolf fest. Er hatte den Verstand eines Fuchses, und es war gut, dass sein Gegenüber das Kloster statt die Welt gewählt hatte. Hatto zog eine Grimasse.

„Als ich mich für Arnulf entschied, da geschah es, weil ich wusste, dass Karl nicht mehr in der Lage war, die Fürsten zu beherrschen, und sein Bastard das erst recht nicht fertig brächte."

„Auch Arnulf war ein Bastard", erinnerte ihn Frutolf. „Wenn auch von Karls älterem Bruder."

„Arnulf war ein erwachsener Mann und erprobter Heerführer. Deswegen hat er sich ja auch durchgesetzt, und ich wusste, dass es so kommen würde. Genau wie ich jetzt weiß, dass Konrad das geringste aller Übel ist, doch eben nicht mehr. Verstehst du nicht, Frutolf, da müht man sich Jahre, Jahrzehnte ab, um ein Reich vor dem Zerfall zu bewahren, während die Normannen vom Westen her einfallen und die Ungarn vom Osten, und jetzt, wo alles sein gutes Ende haben sollte, wo ich die Regierung in die Hände meines Schülers legen kann, den ich selbst zum Fürsten für alle erzogen habe, nicht nur zum Förderer seiner eigenen Gefolgschaft, da muss ich mit der Gewissheit leben, dass er mir am Ende noch ins Grab voranschreitet und dass danach wieder Schwabe gegen Bayer stehen wird, beide gegen Franken und alle gegen die Sachsen – mühsam zusammengehalten von Konrad, wenn wir sehr viel Glück haben. Wie soll ich da nicht mit Gott hadern? Wie soll mir das nicht in der Seele fressen, dass all mein Wirken am Ende umsonst war?"

„Ich verstehe. Das Schlimmste am baldigen Tod des letzten Karolingers ist, dass der große Hatto anders in die Chroniken eingehen wird, als er sich das erträumt hat."

Hatto sprang auf. „Du wagst es ..."

„Du bist immer noch in der Beichte, Hatto. Nicht als Erzbischof von Mainz und nicht als Abt, sondern als armer Sünder. Also knie nieder", sagte Frutolf ungerührt.

Natürlich konnte Hatto sich einfach umdrehen und Frutolf hier zurücklassen. Niemand war Zeuge. Niemand würde es je erfahren. Frutolf würde nie das Beichtgeheimnis brechen; Hatto kannte ihn viel zu gut, um dergleichen zu befürchten. Aber er, Hatto, würde es wissen, würde wissen, dass er davongelaufen war vor der Wahrheit, er, den Frutolf mutig genannt hatte.

Hatto stieß seinen angehaltenen Atem aus und kniete erneut nieder.

„Er ist erst fünfzehn Jahre alt", flüsterte er. „Mein Junge. Es ist töricht, sein Herz an ein fremdes Kind zu hängen, zumal für unsereins, die wir ehelos und kinderlos nach unserer eigenen Wahl sind, aber Ludwig zählte erst sechs Jahre, als Arnulf starb, und kam in meine Obhut. Er war ein Kind, das mich brauchte und das die Zukunft verkörperte, der ich mein Leben gewidmet habe. Wie sollte ich ihn da nicht lieben? Viel Bitteres birgt die Welt, Bruder, aber nichts so sehr wie die Gewissheit, dass du dein totes Kind in den Armen halten wirst."

Er spürte, wie Frutolf ihm flüchtig eine Hand auf die Schulter legte, spürte den kurzen Druck von Frutolfs Fingern, ehe Frutolf wieder einen Schritt zurücktrat.

„Du solltest die Gottesmutter um Hilfe bitten", sagte Frutolf. „Sie weiß, was es heißt, ihr totes Kind zu halten. Aber Hatto, solltest du das nicht auch wissen? Du hast dich zum Abt wählen lassen, nicht nur in einem Kloster, nicht nur hier, sondern in noch drei weiteren. Damit hast du die Verantwortung übernommen für alle Mönche dieser Klöster, die Verantwortung als ihr Vater in Christo. Hast du auch nur einem Mönch in seiner Todesstunde beigestanden, Hatto? In irgendeinem all dieser Klöster?"

Wie hätte ich die Zeit dazu haben sollen, dachte Hatto, als Erzbischof von Mainz und Regent des Reiches? Doch er wusste, dass in der Frage bereits seine Antwort lag. Nichts hätte ihn daran gehindert, als Abt zurückzutreten.

„Es ist meine Schuld", murmelte er, „meine große Schuld."

„Was ist es?", fragte Frutolf.

„Habgier und die Gier nach Macht", sagte Hatto, „die Macht, die der Besitz von vier Abteien verleiht. Eitelkeit, denn ich habe mir angemaßt, selbst aus der Ferne ein besserer Abt sein zu können als jeder Bruder der Abteien, der statt meiner gewählt hätte werden können. Selbstsucht, denn statt an die Gemeinschaft zu denken, dachte ich an mich. Lieblosigkeit, denn du hast recht: Wo ich ein Vater hätte sein sollen, war ich noch nicht einmal ein Lehrer, sondern nur ein abwesender Verwalter. Es ist meine Schuld, die ich bekenne und bereue."

Wieder trat Frutolf zu ihm und berührte ihn, doch diesmal griff er mit seiner Hand nach Hattos Kinn, um ihm noch eindringlicher in die Augen zu sehen. „Tust du das wirklich?"

„Durch meine Schuld", wiederholte Hatto die Worte des Gottesdienstes, „durch meine Schuld, durch meine große Schuld."

„Und wenn ich dir nun als Buße auftrage, von all deinen Ämtern zurückzutreten, würdest du das tun?"

„Wird Gott unser Herr dann Ludwigs Leben verschonen?", fragte Hatto zurück.

Frutolf ließ ihn los und stieß einen ungehalten klingenden Laut aus. Dann sammelte er sich.

„Eine Buße ist kein Handel mit dem Allmächtigen, Hatto. Aber mach dir keine Sorgen. Das ist nicht die Buße, die ich dir auftrage. Schließlich bin ich nicht nur Mönch, sondern auch ein Mensch, der im ostfränkischen Reich lebt, und ich fürchte sehr, was geschehen könnte, wenn du plötzlich zurücktrittst und dann auch noch der König stirbt. Für so ein blutiges Chaos will ich nicht verantwortlich sein."

„Dann sind wir uns doch nicht so unähnlich, Bruder Frutolf. Wer hätte das gedacht."

„Steh auf", sagte Frutolf. „Deine Buße sei: Bete für deine Feinde, vor allem für den Babenberger Adalbert. Sorge dafür, dass sein Haupt, das, wie man erzählt, heute noch als das eines Verräters auf den Zinnen des Castrums Babenberg aufgespießt ist, in Ehren bestattet wird, und zwar in einem Schrein, der jenem gleichkommt, in dem du so stolz das Haupt des heiligen Georgs hierherbrachtest. Und lauf nie wieder vor dem Tod eines dir anvertrauten Menschen davon. Wenn der junge König stirbt, dann will ich, dass du ihn tatsächlich in den Armen hältst, bis zum Schluss. Mehr Buße, denke ich, kann ein Mensch nicht fordern."

Hatto schlug das Kreuz und erhob sich. „Ich will mich bessern", zitierte er den letzten Teil des mönchischen Bekenntnisses während der Buße. Frutolf warf ihm einen undeutbaren Blick zu und brummte etwas.

„Lass uns weiter zur Georgskirche gehen", sagte Hatto. „Wenn ich dem Babenberger einen Schrein stiften soll, dann will ich mein Gedächtnis auffrischen und nachsehen, wie das Haupt des heiligen Georgs bei uns ruht." Er fühlte sich etwas leichter.

Vielleicht ließ Gott nicht mit sich handeln, aber er kannte Mitleid und Gnade. Und er musste den Menschen ihren Sinn für Humor verliehen haben, denn hätte er sonst ausgerechnet Frutolf geschickt, um Hatto den Spiegel vorzuhalten?

Frutolf kreuzte die Arme vor seiner Brust und machte eine kurze Verbeugung. „Nach dir", sagte er, und in seiner Stimme lag ein Hauch von Spott, aber auch eine gewisse Zuneigung, „Vater Abt."

Morcheln im Winter und der sehr große Fisch

von Sabine Ebert

Anno Domini 956

enno war der drittgeborene Sohn eines unbedeutenden Ritters und sechs Jahre alt. Die schönsten Tage waren für ihn, wenn sein Vater mit seinen schon erwachsenen Brüdern zur Jagd ausritt und er derweil allein durch das Gehöft streunen konnte. Der Vater war sehr streng, und seine Stiefbrüder quälten und verspotteten ihn ständig. Er sei eine Missgeburt, zu nichts nutze. Denn Bennos linkes Bein war etwas kürzer als das rechte, deshalb hinkte er ein wenig. Er zog und zerrte dauernd an dem zu kurzen Bein herum, bis es wehtat, damit es länger würde. Aber das half überhaupt nicht! Auch zur heiligen Jungfrau hatte er deshalb gebetet, ebenfalls ohne Erfolg.

„Es gibt nur zwei Möglichkeiten", verhöhnte ihn sein ältester Bruder. „Entweder wir verfüttern dich an die Hunde, oder Vater steckt dich ins Kloster. Das macht man so mit drittgeborenen Söhnen! Und im Kloster scheren sie dir den Kopf kahl und schneiden dir die Eier ab, denn die brauchst du als Mönch nicht."

Osbert lachte und griff sich grinsend ans Gemächt, um anzudeuten, was für imposante Teile er dort hatte. Er und sein nur ein Jahr jüngerer Bruder Alwin schwängerten reihum die Mägde und die hübschen Mädchen im Dorf, sehr zum Kummer von Bennos Mutter Mari. Sie war die dritte Frau seines Vaters, meistens sehr still und sehr unglücklich. Nicht nur wegen der zwei kleinen Töchter, die noch in der Wiege gestorben waren, sondern auch wegen der Grobheit, mit der ihr Mann sie behandelte.

Nur wenn der Herr des Hauses und seine erstgeborenen Söhne unterwegs waren, wagte sie es, Benno liebevoll an sich zu drücken oder ihm ein Honigbrot zuzustecken. So etwas hätte ihr

Gemahl nicht sehen dürfen – das würde den Schlappschwanz ja nur noch weibischer machen!

Wenn ihr Mann und ihre beiden Stiefsöhne fort waren, kamen auch die geschwängerten Mädchen und baten um Hilfe in ihrer Not. Mari gab ihnen heimlich ein Bündel mit Essen oder Kleidung oder stellte sie als Mägde auf dem Gehöft ein.

Eines Tages im Spätsommer waren sein Vater und seine Brüder schon den zweiten Tag auf der Jagd, und Benno langweilte sich. Seine Mutter war in jüngster Zeit dicker geworden und ruhte viel.

„Sie brütet wieder ein Balg aus, aber hoffentlich nicht so eine Missgeburt wie dich!", hatte ihm Alwin genüsslich unter die Nase gerieben.

Da niemand ihn beachtete, tat Benno etwas, das er schon länger plante. Er malte gern, ritzte mit einem Stock Bilder in den Boden oder zeichnete mit Holzkohle Gesichter oder Tiere auf glatt gesägtes Holz. Er hatte nun viel Zeit und dachte, der Vater würde sich freuen, wenn er den Wohnsitz der Familie verschönerte. Mit einem Stück Holzkohle – Farbe hatte er ja keine – zeichnete er ein gesatteltes Ross, fast so groß wie er, auf die Wand des Pferdestalls, dann eine Brotschaufel mit zwei runden Broten auf das Backhaus, ein paar pickende Hühner und einen Hahn auf deren Stall. Als krönenden Abschluss verzierte er den Eingang zum Wohnturm mit Blattgerank und Ornamenten. Seine Mutter bekam von all dem nichts mit, sie schlief.

Stolz stellte sich Benno in der Mitte des Hofes auf, als sein Vater und seine Stiefbrüder mit reichlich Jagdbeute zurückkehrten.

„Was lungerst du da im Weg herum und glotzt, als hättest du einen blutrünstigen Eber erlegt?", fauchte ihn der jüngere seiner Brüder an.

Sein Vater hingegen bemerkte gleich die Veränderung.

Benno straffte sich und hoffte auf ein Lob – das erste, das er vom Vater bekommen würde. Doch der stieg aus dem Sattel, stemmte die Hände in die Seiten und brüllte: „Warst du Taugenichts das? Hast du unseren ehrwürdigen Familiensitz beschmiert? Komm her, du Kröte, nimm deine Prügel in Empfang, und dann wirst du im Hühnerstall hausen, bis der Regen den Dreck abgewaschen hat!"

Seine aufgeschreckte Mutter kam herbeigelaufen, so schnell sie mit ihrem geschwollenen Leib konnte, und wollte sich zwischen die beiden werfen. Aber Bennos Brüder hielten ihn fest, schoben ihm den Kittel hoch und zählten belustigt die Hiebe mit, die der Sechsjährige mit Vaters Gürtel auf den nackten Hintern bekam.

Nachdem er seine Strafe empfangen hatte, schlurfte der Junge mit tränenverschmiertem Gesicht zum Hühnerstall, schluchzte und fraß seinen Groll in sich hinein. Lange konnte er nicht einschlafen.

Dann weckte ihn mitten in der Nacht ein lauter Streit zwischen seinen Eltern auf. Er konnte sich nicht erinnern, einen solchen schon einmal erlebt zu haben – schließlich widersprach die Mutter nie, um nicht verprügelt zu werden. Daher schlich er sich in die Dunkelheit hinaus und lauschte.

„Er ist doch noch viel zu klein", jammerte Mari.

„Schluss mit dem Geheul! Es wird höchste Zeit, dass der Nichtsnutz seinen Zweck erfüllt."

Am nächsten Morgen wurde Benno ohne ein weiteres Wort in den Badezuber gestellt und abgeschrubbt. Dann musste er sauberere Kleidung anziehen.

„Sitz auf!", forderte ihn der magerste Knappe seines Vaters auf. „Das Pferd trägt uns schon beide." Einer der Stallburschen hievte ihn in den Sattel. Die Welt wirkte beängstigend aus solcher Höhe.

Benno fragte sich, wohin sie ihn bringen würden. Wurde er ausgesetzt? Aber dafür hätten sie ihn nicht gewaschen. Kam er vielleicht doch endlich zu einer Erziehung als Page, damit er Ritter werden konnte? Das war sein größter Traum. Dafür würde er sogar die Qual verdrängen, mit dem wunden Hintern im Sattel zu sitzen.

Sie ritten den halben Tag lang: sein Vater, die Mutter, die Kinderfrau auf einem Maultier und Benno mit dem dürren Knappen. Doch unterwegs sagte niemand ein Wort. Nur Bennos Mutter schluchzte ab und zu und trocknete rasch die Tränen mit dem Schleier, damit ihr Gemahl sie nicht sah.

Nach Stunden kamen sie an einen See – so riesig, wie Benno noch nie einen gesehen hatte. Sonnenstrahlen glitzerten und funkelten auf dem blauen Wasser wie herabgefallene Sterne. Wie schön das aussah! Von seinem Platz im Sattel aus entdeckte er eine Insel auf dem See und eine Kirche, die jegliches andere Gebäude umher überragte. Nun ahnte er, wo sie waren, und ihm wurde ganz mulmig.

Das musste das berühmte Kloster Reichenau sein, von dem ihm seine alte Kinderfrau so viele Geschichten erzählt hatte. Benno liebte besonders die Geschichte über den heiligen Pirmin. Dieser wollte vor langer, langer Zeit auf der Insel eine Kirche bauen, aber damals war das Eiland nur von Schlangen und anderem giftigen Getier bewohnt. Als jedoch der heiligmäßige Mann seinen Fuß auf die Insel setzte, entsprang genau an dieser Stelle eine Quelle, und die Schlangen und das Ungeziefer entflohen auf ewig von diesem Stück Land. So konnte Pirmin das Kloster bauen.

Ein Boot mit vier Ruderern steuerte auf sie zu und legte am Ufer an. Männer in einfacher Kleidung grüßten höflich und ließen alle einsteigen bis auf den dürren Knappen, der die Pferde bewachen sollte.

Sie schaffen mich in ein Kloster!, begriff Benno entsetzt. Er würde seine Mutter, die Kinderfrau und seine Freunde unter den

Stalljungen nie wiedersehen. Die Mönche würden ihn kahl scheren und ihm die Eier abschneiden!

Doch während ihm in dem schwankenden Boot fast schlecht wurde, fiel ihm auf: Von den Ruderern war keiner kahl, nur einer hatte eine Tonsur wie Pater Johann, der alle paar Wochen in die hölzerne Dorfkirche kam und predigte.

Zitternd stieg Benno am anderen Ufer aus, erleichtert darüber, nicht ertrunken zu sein, und zugleich in panischer Angst vor der Zukunft. Der Vater übergab nun dem Mönch, der im Boot mit übergesetzt hatte, einen Beutel Geld.

Sie verkaufen mich, und das war schon längst abgemacht!, dachte Benno wütend und verbittert. *Nicht einmal die frommen Brüder würden mich ohne Geld nehmen, so nutzlos bin ich.*

„Ich bin Bruder Jona. Verabschiede dich von deinen Eltern und folge mir dann", sagte der Mönch freundlich.

„Blamier mich nicht!", schnauzte sein Vater, nachdem sich Benno zum Abschied tief vor ihm verneigt hatte, wie es seine Pflicht war. Jedes Wort blieb ihm dabei im Hals stecken.

„Gott schütze dich", hauchte die auf die Kinderfrau gestützte Mutter und streckte die Hand aus, um ihm übers Haar zu streichen, zog sie dann aber ängstlich zurück. Sie beugte sich vor, hauchte ihm einen Kuss auf die Wange und flüsterte: „Hier hast du es besser, glaub mir!"

Dann winkte ihm der freundliche Mönch zu, damit er ihm folgte.

„Hat der heilige Pirmin wirklich alle Schlangen vertrieben?", fragte Benno mit zittriger Stimme, weil ihn die alte Geschichte von seiner Kinderfrau noch immer sehr beschäftigte. Das Gras stand hoch. *Was, wenn da nun auf mich eine Viper lauert?*, dachte Benno.

„Sei unbesorgt!", versicherte der Mönch.

Mit gesenktem Haupt folgte Benno dem noch recht jungen Bruder Jona zu einem der zahlreichen Gebäude auf der Klosterinsel.

„Dein Vater folgt einer alten Tradition: das drittgeborene Kind der Familie Gott zu widmen", erklärte dieser, weil ihm schnell klar geworden war: Niemand hatte mit dem eingeschüchterten Jungen darüber gesprochen, welche Zukunft seine Eltern für ihn geplant hatten. „Wir gehen jetzt in die Klosterschule, genauer gesagt: in eine der beiden. Wir haben eine weltliche Schule für Kinder, die uns wieder verlassen werden, wenn sie lesen, schreiben und die wichtigsten christlichen Lehren gelernt haben, und eine für angehende Novizen."

Bruder Jona führte den Jungen in einen Raum mit mehreren Bänken und Tischen. „Hier wirst du lesen und schreiben lernen und vieles mehr. Denkst du, das würde dir gefallen?"

„Ich kann schon meinen Namen schreiben! Meine Mutter hat es mir beigebracht", erzählte er stolz und fuhr mit dem Finger über einen der Tische, um unsichtbar Buchstabe für Buchstabe „B-e-n-n-o" zu malen. „Und ich zeichne gern."

„Sehr gut!", lobte Jona. Dann führte er den Jungen in die nächste Kammer und holte aus einer Truhe eine wollene Ordenstracht und schlichtes Schuhwerk.

Benno geriet in Panik, flüchtete in eine Ecke und klammerte seine Hände schützend zwischen seine Beine. Er zitterte am ganzen Leib. „Werdet Ihr mich jetzt kahl scheren und mir die Eier abschneiden?", wisperte er.

„Natürlich nicht! Wer hat dir denn so etwas erzählt?", wunderte sich Jona.

„Meine Brüder."

Jona lächelte aufmunternd. „Die haben dir einen bösen Streich gespielt. Nichts dergleichen wird geschehen. Du sollst nur diese Sachen anziehen."

„Und meine Sachen?"

„Die bewahren wir ein Jahr lang auf. Wenn du das Kloster verlassen willst, bekommst du sie zurück. Wenn du bleiben möchtest, schenken wir sie den Armen."

Das neue Leben auf der Klosterinsel war für Benno völlig ungewohnt, aber das meiste daran gefiel ihm. Die Mahlzeiten wurden regelmäßig und still eingenommen, während ein Mönch etwas vorlas. Zu Hause hatten ihm die Brüder immer die besten Fleischstücke aus der Schüssel gestohlen oder Mäusedreck in seine Suppe geworfen. Hier konnte er sich satt essen, ohne einen Vorwurf oder Angriff fürchten zu müssen

Hier verspotte ihn auch niemand wegen seines Hinkens. Im Gegenteil: Einer der Konversen hatte ihm ein Paar Schuhe gefertigt, von denen der linke eine dickere Sohle erhielt, sodass Benno fast gleichmäßig lief. Sehr gefielen ihm die biblischen Geschichten und Gleichnisse. Und in der Weihnachtszeit, am „Tag der Unschuldigen Kinder", erlebte er die bislang fröhlichsten Stunden seines Lebens. An diesem Tag durften er und seine Mitschüler den Gottesdienst und die Prozession leiten, sogar einen Abt aus ihrer Runde wählen, der neue Regeln festlegte. Die älteren Schüler, die diesen Brauch schon kannten, hatten sich zuvor wochenlang überlegt, welche Scherze und Streiche sie dabei spielen wollten, und es wurde viel gekichert und gelacht. Auch Benno lachte, bis ihm der Bauch wehtat, nachdem er begriffen hatte, dass dieses ungewöhnliche Verhalten nicht bestraft werden würde, sondern an diesem einen Tag ausdrücklich erlaubt war.

Doch am meisten freute er sich, wenn er im Schreibunterricht dafür gelobt wurde, wie ordentlich er seine Buchstaben mit dem Griffel in die Wachstafel setzte.

Eines Tages, es schneite gerade, reichte ihm Jona ein Blatt Pergament, eine Feder und ein Fässchen Tinte. „Versuch es damit!"

Die Jungen in seiner Klasse rissen die Augen auf und raunten. Jeder von ihnen wusste, wie kostbar Pergament war und wie schwierig herzustellen. Aber noch niemand von ihnen hatte je darauf schreiben dürfen.

Benno griff zitternd vor Aufregung nach der Feder, drehte sie vorsichtig zwischen den Fingern und atmete tief durch, ehe er sie in die bitter riechende Tinte tauchte und die Spitze am Rand des Gefäßes abstrich, damit er nicht kleckste.

„Nur zu!", ermunterte ihn Jona, und tatsächlich gelang es Benno, eine gerade Linie zu ziehen. Das beflügelte ihn, sich an ganzen Buchstaben zu versuchen. Reine Freude durchfloss sein Herz, als die ersten Lettern gelangen.

Wie die anderen Jungen, mit denen er zusammen lesen, schreiben und Latein lernte, musste Benno auch andere Arbeiten übernehmen. Sie halfen den Pflanzenkundigen im Kräutergarten und auf der Obstwiese, gingen in der Küche zur Hand, mussten Fußböden wischen und Nachttöpfe ausschütten.

Das Kloster besaß ein Badehaus und ein großes Infirmarium, ein Haus zur Behandlung von Kranken mit erfahrenen Ärzten. Wie sich herausstellte, hatten zwei der Jungen aus Bennos Schulklasse Talent im Erkennen von Krankheiten, andere zeigten großes Interesse für Heilpflanzen und deren Wirkung. Einige andere erwiesen sich als begabte Sänger. So enthüllte die Ausbildung nach und nach, wer wohl an welchem Platz am nützlichsten sein konnte.

Benno aber war am liebsten im Skriptorium, wo die Brüder Bücher abschrieben und ausmalten. Dort machten die Schüler manchmal Leseübungen, aber nur mit gewaschenen Händen, und Jona erzählte ihnen Geschichten, denen Benno mit leuchtenden Augen lauschte.

Dass er nach einem Jahr bleiben würde, stand für ihn schon bald fest. Manchmal vermisste er zwar seine Mutter und die Kinderfrau. Auch fragte er sich, ob seine Mutter wohl einen Jungen oder ein Mädchen geboren hatte und ob sie, falls es ein Junge wäre, seinen Bruder in ein paar Jahren auch hier abgeben würden. Aber seine Gedanken flogen immer seltener zurück.

Eines weiteren Tages kam ein Bruder, den Benno nur vom Sehen kannte, und nahm ihn mit in einen Raum, in dem ein halbes Dutzend Mönche damit befasst waren, die großen Initialbuchstaben der Seiten künftiger Bücher mit Motiven in leuchtenden Farben auszuschmücken.

„Bruder Jona sagt, du kannst gut zeichnen. Zeig uns doch einmal, ob das stimmt", forderte ihn der älteste der Mönche im Raum auf.

Benno durfte sich alle Verzierungen anschauen und schwebte im Glück. So viel Schönes! Dann durfte er sich auf eine Bank setzen und mit Eisengallustinte ein schönes Initial entwerfen. Er gab sich die größte Mühe. Seine Zunge spitzte dabei immer zwischen den Lippen vor, ohne dass er es selbst bemerkte. Zunächst fertigte er das große, schwungvolle R zum Ausfüllen, ein schwieriger Buchstabe, dann das kleine Beiwerk: Ranken, Vögel, Blüten und einen Fuchs, der um die Ecke spähte …

Er bemerkte gar nicht, wie der alte Mönch ins Staunen geriet und die anderen Illuminatoren herbeiwinkte.

„Probier es nun mit Farbe!", wies er den Jungen an, und die Mönche brachten ihm freiwillig schon angemischtes Ocker, Karmin, Grünspan und Waid.

Benno atmete tief durch. So etwas hatte er noch nie tun dürfen! Vorsichtig wählte er unter verschieden dünnen Pinseln aus und tupfte da und dort ganz vorsichtig die Farben auf das quadratisch umrandete R, um ja nichts zu verwischen. Es bereitete ihm Spaß, aber dass ihm alle zusahen, machte ihn verlegen.

„Ich glaube, wir haben ein Talent gefunden", meinte der Ältere, von dem Benno erst später erfuhr, dass er dem Skriptorium vorstand.

Am nächsten Tag erhielt Bruder Jona die Erlaubnis, dass sein Schützling zum ersten Mal in die Klosterbibliothek gehen durfte, die eigentliche Schatzkammer der Insel.

Dort verschlug es Benno den Atem. So viele Bücher! Wie viele Brüder hatten wohl wie viele Jahre gebraucht, um all diese Seiten mit Wissen zu füllen, damit es bewahrt wurde und nicht verloren ging?

Auf Pulten lagen aufgeschlagene Bücher mit wunderbaren Bildern und Verzierungen. Das Herz wurde ihm warm.

„Wir haben die größte Bibliothek von allen Klöstern weit und breit", sagte Bruder Jona stolz. Das glaubte Benno sofort. Bevor er auf die Klosterinsel kam, hatte er niemanden gekannt, der auch nur ein einziges Buch besaß, nicht einmal der Priester, der alle paar Wochen in der kleinen Dorfkirche zu Hause predigte.

Und hier waren ganze Wände voller Regale mit Büchern! Einige hatten Edelsteine und Gold auf den mit Leder bezogenen hölzernen Einbänden. Doch der größte Schatz, so erklärte ihm Bruder Jona, war eine schlichte Zeichnung: der Plan für das nicht weit entfernte Kloster St. Gallen, der als Vorbild für alle Benediktinerklöster galt. Er war hier entstanden und wurde auch hier aufbewahrt.

Bei späteren Besuchen in der Bibliothek stand Benno manchmal stundenlang vor einzelnen, auf Pulten aufgeschlagenen Büchern, studierte die kleinsten Details von Umrandungen, Initialbuchstaben, deren Ausschmückung oft schon eine kleine Geschichte erzählte. Er war fasziniert.

Er schrieb und malte, gärtnerte, las biblische Geschichten und betete natürlich viele Stunden. Denn das war die Aufgabe der Mönche: zu beten für die Bauern, die Kranken, die Sünder und die Edelleute, die dafür den Zehnten zahlten. Und für die Armen, die den Zehnten nicht zahlen konnten und gespeist werden mussten.

So verrann die Zeit. Wie rasch Benno wuchs, merkte er nur daran, dass ihm in den letzten Monaten vor Ostern, wenn jedes Jahr neue Habite ausgegeben wurden, der Saum seines Habits allmählich auf geheimnisvolle Art über die Knöchel gewandert war.

Bald durfte er schon richtige Dokumente abschreiben, die in mehrfacher Ausführung gebraucht wurden oder so alt waren, dass sie fast zerfielen. Dann bekam er immer öfter Seiten, wo auf dem Pergament nicht Linien, sondern große Rechtecke vorgezeichnet wurden, die mit Initialen ausgefüllt werden sollten. Sein Herz sprang vor Freude. Später durfte er Farbe im Mörser zerreiben und sie mit Fischleim anrühren.

Nach einem Jahr mit dieser Beschäftigung stellte ihm einer der Schreiber eine noch schwierigere Aufgabe: „Kannst du diese Seite kopieren? Aber mit einem schöneren Initial als auf dem Original!"

Dafür bekam er sogar ein wenig von dem kostbaren Purpur.

Nach einer Woche wurde Benno zum Abt beordert. Hastig ging er in Gedanken durch, ob er eine Sünde begangen hatte. Leider fiel ihm gleich eine ein: Er war in der Matutin, dem nächtlichen Stundengebet, kurz weggenickt. Ideen zu noch schöneren Bildern hatten ihn nach der Komplet vom Einschlafen abgehalten.

Verlegen und mit gesenktem Kopf trat er ein. Als er ein wenig aufzublicken wagte, sah er, dass der Abt namens Ekkehart genau jene Seite vor sich liegen hatte, die Benno in den letzten Tagen kopiert und illuminiert hatte.

„Ich höre, du hast Freude am Schreiben und Malen", sagte der Klostervorsteher freundlich. „Und ich sehe, du verwendest große Sorgfalt darauf."

Benno freute sich so über dieses Lob, dass sein Herz beinahe hüpfte. Aber er wagte es nicht, etwas zu sagen.

„Tritt näher", wurde er aufgefordert. „Deine nächste Aufgabe wird es sein, dieses Buch Seite für Seite zu kopieren. Wenn du da und dort ein Initial noch schöner gestalten möchtest, besprich es mit Bruder Anselm." Der leitete das Skriptorium.

Verblüfft und behutsam nahm Benno das Buch entgegen, das ihm der Abt reichte.

„Du hast ein Jahr Zeit für diese Aufgabe", sagte dieser noch. „Nun geh ans Werk – mit Gottes Hilfe!"

In diesem einen Jahr hatte Benno fast nur einen Gedanken: seine Arbeit zur Zufriedenheit des Abtes zu erfüllen. Kurz vor Ablauf der Frist übergab er seine Seiten und das alte Original Bruder Anselm, der Bennos Bestrebungen aufmerksam, aber ohne ein Wort verfolgt hatte.

Eine Woche später wurde er wieder zum Abt gerufen. Auf dessen Tisch lagen diesmal zwei Bücher: jenes, das Benno kopiert hatte, und etwas, das wie eine neuere Ausgabe des Exemplars aussah.

„Wie du sehen kannst, haben wir deine Seiten zum Buch gebunden", sagte der Abt freundlich. „Dein nächster Auftrag wird es sein, dein Werk zum Kloster St. Gallen zu bringen. Die Brüder dort warten schon darauf. Wir besitzen das einzige Exemplar, und dank deiner Arbeit haben wir nun eine Kopie, die wir ihnen schenken können."

Wieder fehlten Benno die Worte, aber diesmal aus Enttäuschung. Der Abt wollte sein Buch weggeben? War es nicht gut genug für die hiesige Bibliothek?

Das musste ihm Abt Ekkehart wohl am Gesicht abgelesen haben.

„Wir möchten, dass das schönere Exemplar nach Sankt Gallen geht. Denn wir liegen im heimlichen Wettstreit mit den dortigen Mönchen, wer wohl die meisten und schönsten Bücher hat."

Er lächelte kurz und seufzte dann: „Auch wenn Stolz eine Sünde ist. Aber ein Geschenk soll von Herzen kommen und das Beste sein, was man geben kann. Es ist ein wunderbares Buch geworden, und ich verstehe, dass es dir schwerfällt, dich davon zu trennen. Aber hier warten weitere Aufgaben auf dich, und du wirst noch etliche großartige Bücher illuminieren können."

Wie viele Jahre waren vergangen, seit Benno als ängstlicher Junge mit seinen Eltern auf die Klosterinsel gerudert worden war? Seitdem hatte er diesen Ort nicht verlassen. Nun – inzwischen war er fünfzehn und bereits Novize – sollte er also wieder in ein Boot steigen und in die Welt hinausziehen! Es seien zwei Tagesreisen nach St. Gallen, hatten ihm die Brüder gesagt. Er müsse immer nur nach Süden wandern. Und gute Menschen würden ihm unterwegs Quartier und Essen geben.

Benno glaubte, diesmal noch viel mehr Angst zu haben, als er in das Boot stieg. Was, wenn das Buch nun nass wurde? Oder er den Weg verfehlte? Oder er mit seinem verkürzten Bein eine so lange Strecke nicht bewältigen konnte? Oder irgendetwas Unfrommes ihn davon abhielt, sein Ziel zu erreichen?

Da war nämlich das Gewisper seiner jungen Brüder, von Mädchen und Verführung und Sünde. Schließlich hatte er seit Jahren kein weibliches Wesen mehr gesehen.

„Setze nur einen Schritt vor den anderen, sieh dir die Welt an und bete, dann wird Gott dich führen", hatte ihm Bruder Jona geraten. Und daran hielt er sich.

Auf seinem Weg konnte sich Benno gar nicht genug darüber wundern, wie groß und vielfältig die Welt jenseits der Klosterinsel war. Er sah Bauern mit Sicheln reifes Korn schneiden, dessen Halme im Wind unter blauem Himmel wogten wie das Wasser des Sees um die Insel. Pilger und reisende Händler begegneten ihm, manche begleiteten ihn ein Stück des Wegs und erzählten Geschichten.

Aber die Straße war auch gefährlich. Zweimal kamen zerlumpte Gestalten mit großen Knüppeln in der Hand auf ihn zu. Doch als sie erkannten, dass er ein Mönch war, verschwanden sie wieder im Wald oder im Gebüsch. Bei ihm war kein Silber und sicher auch keine sonstige Beute zu holen. Selbst wenn sie von dem kostbaren Buch gewusst hätten, das Benno angstvoll an sich presste – es wäre in ihren Augen nichts wert gewesen. Dafür wurde es als schwere Sünde bestraft, Hand an einen Mann Gottes zu legen, auch wenn Benno eigentlich noch ein junger Bursche und kein Mann war.

Wie es seine Brüder vorausgesagt hatten, fand er ohne Probleme ein Quartier, in dem er die Nacht verbringen konnte. Ein älteres Ehepaar rechnete es sich als Ehre an, ihm eine Ruhestatt und ein Mahl zu bieten. Er dankte Gott dafür, dass diese Leute keine hübschen Töchter im Haus hatten, die ihn in Versuchung führen könnten. Dann schlief er wie ein Stein und wurde früh von den Hühnern geweckt. Für die weitere Reise gaben die beiden alten Leute ihm noch Brot und gebratenen Fisch und viele guten Wünsche auf den Weg.

Zwei Tage nach seinem Aufbruch von der Insel stand Benno, reichlich verwirrt, mit Blasen an den Füßen und einem stark schmerzenden linken Bein sowie staunend und erleichtert vor dem Kloster Sankt Gallen und begehrte Einlass.

„Ich bringe das gewünschte Buch aus Reichenau, mit besten Grüßen von Abt Ekkehart", sagte er ein wenig stolz, auch wenn Stolz eine Sünde war. Er hatte sein Ziel erreicht und den Auftrag von Abt Ekkehart bewältigt, sobald er sein Buch übergeben hatte. Er musste ein wenig warten und wurde dann von einem jungen Mönch in Empfang genommen, der sich als Notker vorstellte. Dieser schien nur etwas älter zu sein als Benno und hatte dicke Lippen, die sein Lächeln breit und herzlich machten.

Notker brachte ihn ins Gästehaus, wo sich der Neuankömmling waschen konnte. Dann ließ er sie beide beim Abt mit der Kunde melden, das erbetene Geschenk aus Reichenau sei eingetroffen.

Abt Purchart aber war beschäftigt, ließ das Buch vom Prior in Empfang nehmen und Notker anweisen, für Kost und Logis des Besuchers aus Reichenau zu sorgen. Er würde den Gast am nächsten Tag nach der Laudes sprechen.

Benno war erleichtert, dem hohen Geistlichen nicht gegenübertreten zu müssen. Vielleicht gefiel ihm ja sein Buch nicht? Wo doch, wie auch Notker mindestens schon zehn Mal in der kurzen Zeit behauptet hatte, in der Bibliothek von St. Gallen die meisten und schönsten Bücher zu finden seien.

„Dann zeig sie mir doch!", forderte er ihn bei der nächsten Erwähnung keck auf und fuhr etwas schüchterner fort: „Ich würde sie gern sehen."

„Willst du nicht erst etwas essen und trinken?", schlug Notker vor.

Benno schüttelte den Kopf. Wenn die hiesige Bibliothek noch größer und schöner war als die wunderschöne und riesige in Reichenau, dann wollte er sie unbedingt und so bald als möglich sehen. Außerdem konnte er bei dieser Gelegenheit feststellen, ob sein Begleiter prahlte oder die Wahrheit sagte.

Eine Stunde verbrachten sie in dem Saal, und keiner der beiden jungen Burschen sprach ein Wort vor Ergriffenheit. Schließlich wurden sie hinausgescheucht.

Inzwischen hatte jemand Brot, Fisch und reichlich Starkbier ins Gästehaus gebracht; es war ein Fastentag. Benno – seine Blasen waren inzwischen aufgegangen und zwangen ihn mehr denn je zum Humpeln – und Notker setzten sich an den großen Tisch, teilten sich Essen und Bier.

„Nun bist du still, du Reichenauer Hänfling", spottete Notker mit breitem Lächeln. „So etwas hast du noch nicht gesehen!"

„Oh, ich bin mir fast sicher, dass Reichenaus Bibliothek mehr und schönere Bücher hat", behauptete Benno, so fest er konnte, obwohl beide Büchersammlungen gleichermaßen überwältigend waren. „Schließlich habe ich ein Jahr lang eines abgeschrieben, nur damit ihr es endlich auch besitzt."

Je mehr sie von dem wegen der Fastenzeit extra starken dunklen Bier tranken, umso mehr entbrannte ihr freundschaftlicher Wettstreit, wessen Kloster das bedeutendere war.

„St. Gallen ist älter", führte Notker an.

„Nur fünf Jahre, und dafür wurde Reichenau von einem Heiligen gegründet!", konterte Benno und unterdrückte mühsam einen Rülpser.

„Nach unserem Beispiel werden alle Benediktinerklöster erbaut", erinnerte Notker.

„Ja, aber in Reichenau wurde dieser Plan gezeichnet und befindet sich immer noch dort. Ich habe ihn mit eigenen Augen gesehen und studiert", hielt Benno dagegen.

„In St. Gallen wirkte einer der größten Dichter seiner Zeit", prahlte sein Begleiter.

„Einer, den man Notker den Stammler nennt", spottete Benno. Seine Lider und seine Zunge wurden bereits schwer; der lange Marsch, die Sommerhitze, das Bier …

„Unser Kloster ist viel größer", behauptete Notker irgendwann im Verlauf ihres Disputs.

„Aber unseres liegt auf einer Insel. Es ist von einem riesigen See umgeben, in dem unglaublich große Fische schwimmen", nuschelte Benno, der fast über dem Tisch einschlief. Dann reckte er sich noch einmal und streckte beide Arme weit aus. „Letztens wurde dort ein Atlantfisch gefangen, so lang wie zwei Männer! Der hätte Jonas verschlingen können. Na ja, … nicht ganz, der Kopf hätte vielleicht noch herausgeschaut", korrigierte er sich.

„Bei uns wachsen Morcheln im Winter!", triumphierte Notker.

Benno verschluckte sich am Bier und prustete vor Lachen. „Morcheln im Winter? Wir sollten aufhören mit der Prahlerei, Bruder, ehe wir uns versündigen und solche Lügengespinste erzählen."

„Lügengespinste?" Notker stand beleidigt auf und ging.

So legte sich Benno leicht benebelt und reichlich bedrückt auf seinen Strohsack. Am Morgen hatte er den prahlerischen Wettstreit vergessen, wurde nach der Laudes zu Abt Purchart geführt und von diesem für das Buch gelobt. Leichten Herzens und mit einem Schreiben für seinen Abt wanderte Benno zurück zur Klosterinsel Reichenau, wo schon die nächste Illumination auf ihn wartete.

In den folgenden Monate hob Benno – abgesehen von den Gebetsstunden – die Nase kaum von den Pergamentseiten, die er verzieren sollte. Doch dann, es lag schon tiefer Schnee, wurde er erneut zu Abt Ekkehart gerufen, obwohl er sein derzeitiges Werk noch nicht beendet hatte.

Diesmal lag kein Buch auf dem Tisch des Klostervorstehers, sondern ein Weidenkörbchen mit … er traute seinen Augen nicht … Morcheln! Pilze im Winter! Schlagartig fiel ihm sein prahlerischer Disput mit Notker in St. Gallen wieder ein, und erschrocken senkte er den Kopf.

„Die Brüder aus St. Gallen senden mir ein sonderbares Geschenk und sagen, der Schlüssel zu diesem Rätsel seist du", eröffnete der Abt das Gespräch.

Beschämt berichtete Benno von dem bierseligen Gespräch Disput mit Notker Labeus vor einem halben Jahr.

„Nun, in St. Gallen ziehen sie die Pilze im Winter in der Nähe einer Feuerstelle. Das war keine Übertreibung. Doch wünschen sie als Gegengeschenk zwei Gräten des Riesenfisches, den wir hier angeblich gefangen haben. Willst du mir das vielleicht erklären?", fragte Ekkehart streng.

Mit weichen Knien gestand Benno seine Prahlerei und machte sich auf alle möglichen Strafen gefasst. Hauptsache, Ekkehart schickte ihn nicht weg von hier!

„Ich werde für die Sünde Buße tun", versicherte er kleinlaut.

„Das wirst du ohne Frage", grollte der Abt. „Nur stecke auch ich jetzt in der Zwickmühle: Du hast mich vor St. Gallen blamiert. Hier!" Er griff nach dem Pergament und las vor: „Wenn du mir nicht glaubst, vertraue deinen Augen. Doch schicke mir wenigstens zwei Fischgräten." Dann ließ er das Schreiben fallen. „Wie entkomme ich dieser peinlichen Situation? In St. Gallen werden sie sich die Bäuche schütteln vor Lachen über uns!"

„Und wenn ich eingestehe, dass ich etwas übertrieben … na ja … gelogen habe?", schlug Benno kleinlaut vor.

Der Abt schüttelte den Kopf. „Dann werden sie umso lauter über uns lachen. Ich hätte nicht gedacht, dass sich selbst die jungen Brüder in den alten Wettstreit zwischen unseren beiden Klöstern so eifrig aufs hohe Ross setzen. Finde eine Lösung!"

Bennos Gedanken rasten, aber schließlich schlug er vor: „Wir könnten sagen: Abgenagte Fischgräten seien in unseren Augen kein angemessenes Geschenk für unser Bruderkloster. Stattdessen schicken wir eine prachtvolle Zeichnung mit leuchtenden Farben von dem Wal, der Jonas verschluckte. Die können sie in eines ihrer neuen Bücher einbinden."

Ekkehart gefiel diese Idee gut, er gestattete sich sogar ein kleines Lächeln.

Und so malte Benno mit Eifer dieses prächtige Bild. Der Abt ließ es aber von einem anderen Bruder nach St. Gallen bringen, zusammen mit einem Schreiben an seinen Amtsbruder Purchart, dem er für die Pilze dankte. Benno glaubte, damit sei die peinliche Angelegenheit erledigt. Jedenfalls hörte er nichts mehr davon und dachte nur gelegentlich daran, wenn er wieder einmal einen Wal in ein Initial zeichnen musste.

Doch von Notker hörte Benno mit den Jahren immer mal dies und das. Der leitete inzwischen die Klosterschule von St. Gallen und sei dabei, lateinische Werke zu übersetzen, um seinen Schülern das Lesen zu erleichtern. *Was für ein kühner Gedanke!*, dachte Benno, als er davon erfuhr. Aber was für eine gewaltige Arbeit …

Es blieb nicht aus, dass Notker dann und wann die Brüder in Reichenau um ein Buch bat. Manchmal kam er auch selbst, um in der Bibliothek auf der Klosterinsel nach seltenen Werken zu suchen. Benno ging ihm bei solchen Gelegenheiten tunlichst aus dem Weg. Die Sache mit den Morcheln und den Gräten war ihm nach wie vor peinlich. Außerdem hatte er gehört, dass Notker diese Geschichte immer noch und gern seinen Schülern und Besuchern erzählte. Auf seine – Bennos! – und Reichenaus Kosten. Hatten sie nicht eine kostbare Zeichnung erhalten, um diese lange zurückliegende Geschichte zu bereinigen?

Benno versenkte sich an solchen Tagen besonders intensiv in seine Arbeit. Er hatte zu tun! Schließlich waren seine Illuminationen gefragt und geschätzt. Doch dann hüstelte jemand neben ihm so deutlich, dass er ihn nicht länger ignorieren konnte: Notker.

Es ist wohl gottgefällig, wenn ich meinen stillen Groll über die eigene Blamage begrabe, dachte Benno, als er den Gast höflich begrüßte.

Der Schulleiter von St. Gallen lächelte mit seinen breiten Lippen. „Wie ich hörte, wurde seit Langem kein so großer Fisch mehr gefangen", sagte er verschmitzt.

Benno rollte mit den Augen und verkniff sich eine Erwiderung.

„Aber wir hatten in St. Gallen auch lange keine so schöne Zeichnung gesehen wie dein Bild von Jonas im Wal", versicherte Notker sogleich und berichtete: „Unlängst bat uns sogar Höchstwürden Gero von Köln um ein Buch, ähnlich dem wunderschönen Evangelistar, das er noch vor seiner Wahl zum Erzbischof in Reichenau bestellt und gestiftet hat."

Gespannt sah Benno auf. An diesem überaus kostbaren Werk hatte er unter Anleitung des Subdiakons Anno mitgewirkt.

„Und stell dir vor, mein Freund", fuhr Notker schwungvoll und warmherzig fort. „Wir mussten ihm sagen, solch ein Kunstwerk wie dieses Evangelistar aus Reichenau können wir selbst in St. Gallen nicht herstellen."

Nun sahen sie sich beide in die Augen, und nach einem kurzen Moment konnte auch Benno schmunzeln. Es tat so gut, einen alten Streit zu begraben.

Ein freier Geist

von Caren Benedikt

Anno Domini 1054

ch weiß, dass Du mir lächelnd zusiehst, wie ich meine irdischen Pflichten erfülle und nur darauf wartest, mich dereinst bei Dir willkommen zu heißen."
Berthold von Reichenau

Kloster Reichenau, 25. September 1054: Berthold seufzte, als er sich erschöpft auf den Eichenstuhl fallen ließ, der in seiner Kammer stand. Eine einzelne Kerze spendete Licht in dem kleinen Raum, die Schatten tanzten an den Steinwänden. An einem anderen Tag hätte er sich für das Lichtspiel begeistern können, doch nicht heute.

Er rieb sich die geröteten Augen und zupfte seinen Habit zurecht. Die Aufgabe, die ihm zugedacht war, schien für ihn weit größer zu sein als das, was er sich selbst zutraute. Denn wie sollte es ihm in seiner Einfachheit gelingen, das Werk eines solchen Mannes fortzuschreiben? Eines Mannes, vor dem er nicht nur höchsten Respekt hatte, sondern der in seinen Augen nichts anderes war als der größte geistige Schöpfer, dem er jemals begegnet war? Er würde sich einige Tage Zeit nehmen, bevor er diese Arbeit begann. Eine Arbeit, von der er schon jetzt mit seinen gerade mal vierundzwanzig Jahren wusste, dass sie ihn sein Leben lang begleiten und damit seinem Dasein hier auf Erden einen Sinn geben würde. Ein Gedanke, der ihn in seiner tiefen Trauer auffing – wenngleich auch nur ein wenig.

Denn noch wusste er nicht, wie es ihm möglich sein könnte, ohne ihn zu leben. Ohne ihn, Hermann von Reichenau, auch

Hermannus Contractus genannt oder aber, wegen seiner körperlichen Leiden, von manchen auch Hermann der Lahme. Letzterer Name konnte ihm jedoch nur wegen einer kurzen Betrachtung auf dessen körperliche Gebrechen gegeben werden. Denn wer die Güte empfing, nein, sogar das unvergleichliche Vergnügen, mit Hermann sprechen zu dürfen und damit zumindest für eine Weile einen Einblick in dessen Denken, Weitblick und auch seine überragende Klugheit erhaschen zu dürfen, der wusste nach nur wenigen Sätzen, hier den gewandtesten Menschen vor sich zu haben, und sei es eben nur im Geiste.

Berthold lehnte seinen Rücken an den Stuhl, dass dieser knarrte. Gewiss war es die Trauer, die ihn in diesem Moment so unendlich müde sein ließ und die es ihm geradezu unmöglich machte, einen klaren Gedanken zu fassen. Doch war da tief in seinem Innern auch die Furcht, dieser Zustand könnte von Dauer sein, wenn es ihm nicht gelänge, ohne die Hilfe seines Mentors und Freundes Hermann seinen Gedanken wieder Klarheit zu verleihen und diese in solche Bahnen zu lenken, an denen er selbst sich entlangzubewegen vermochte. Welchen Rat würde Hermann ihm in diesem Moment geben, um ihm Trost zu schenken und die Zuversicht zu verleihen, nicht aufzugeben, weil es nun an ihm war, die Chronik weiterzuführen, die dieser so gelehrte Mann begonnen hatte?

Zwei Antworten kamen Berthold sogleich in den Sinn. Die eine war, zu beten, da ein Gebet stets schon mit der Bitte und dem Wunsch die Kraft in sich barg, seine Erfüllung zu bewirken. Die andere Antwort war, die Gedanken aufzuschreiben, die in seinem Kopf umherzuschwirren schienen und so noch keinen Halt fanden, um innezuhalten und ihrer Herr zu werden.

Berthold schloss die Augen, um abzuwägen, dann griff seine Hand die Feder, tunkte sie in das Tintenfass und begann fast von selbst zu schreiben:

Hermannus Contractus,
den ich Dich meinen Freund nennen darf!

Einen Tag ist es nun her, dass Du Deinen letzten, glücklichen Atemzug getan hast, all den Schmerz hinter Dir lassen konntest und Deine Seele sich endlich löste von Deinem beschwerlichen Gefängnis, in dem Du Zeit Deines Lebens gefangen warst.

Hermannus Contractus, Hermann der Lahme, nannten sie Dich, doch für mich warst Du stets nur Hermann. Hermann bedeutet „großer Held", und obwohl Du schon seit frühester Kindheit Deine Glieder kaum strecken und nur unter größter Anstrengung überhaupt bewegen konntest, warst Du für mich immer genau das – ein Held. Aber Du warst noch viel mehr. Du wurdest mir ein Lehrmeister, ein Freund und ein Bruder.

Während ich die Jahre meiner Kindheit und Jugend zwar wissbegierig und auch lernfreudig war, so erinnere ich mich doch auch Zeiten der Tollerei mit anderen Jungen oder auch manches Streichs, den wir in unserer Torheit spielten. Ich erinnere mich der Ausgelassenheit und Freude, die ich im Laufen über eine grüne Wiese empfand, oder des Schwimmens, wenn der Herr die Sonne auf uns niederscheinen ließ und das Nass des Weihers uns Kindern Abkühlung schenkte. Ich erinnere mich der Abende im Freien und der Neugierde, was das Leben dort draußen zu bieten hatte, bevor mein Weg mich zu Gott und in dieses Kloster führte. Und wenn ich nun an diese Zeiten denke, so bedauere ich zutiefst, dass Du nichts von alledem je erleben durftest, weil Du schon krank und gebrechlich zur Welt kamst, niemals wie all die anderen und ich laufen und tollen konntest oder die Leichtigkeit spürtest, die für uns andere so selbstverständlich zu erleben war. Niemals fragte ich Dich, ob es Dir fehlte.

Erst jetzt, da Du für immer gegangen bist, stelle ich mir die Frage, wie Du Dich damals fühltest, gerade einmal sieben Jahre alt, als Deine Eltern Dich der Obhut des Klosters übergaben und sich damit

Tore hinter Dir schlossen zu einer Welt, die uns anderen dort draußen alles bedeutet hat.

Erst jetzt wird mir bewusst, dass Du noch zu jung warst, um Dich überhaupt fragen zu können, ob Du es wolltest, was da mit Dir geschah. Hättest Du einen anderen Weg gewählt, wenn Du die Wahl gehabt hättest? Und wären dann Deine klugen Gedanken und Ansichten noch die gleichen gewesen? Hättest Du sie auf diese Weise niedergeschrieben, wenn Dir der Herrgott nicht das körperliche Gefängnis auferlegt hätte, aus dem es für Dich kein Entkommen gab?

Warum habe ich Dir diese Fragen während all der Zeit, die wir nun zusammen hier weilten, nie gestellt? War es, um Dich nicht zu verletzen, oder kamen sie nicht auf, weil sie gar zu unwichtig sind und sich mir nicht gestellt hätten, wärest Du noch hier, da wir dann über tiefere Gedanken gesprochen hätten? Oder war da in meinem Innern das Wissen, dass Dir solche Fragen schon deshalb zu banal gewesen wären, weil sie Dein höchstes Selbst betroffen hätten, das Du stets unwichtiger als alles andere bewertet hast?

Ach Hermann, mein Freund, wie ist mir die Seele schwer, nur schreiben zu können in dem Wissen, hierauf nie wieder eine Antwort erwarten zu dürfen.

Berthold hob die Feder und tunkte sie in das Fass, wie er es während des Schreibens wiederholte Male getan hatte. Doch nun verharrte er einen Moment, während er seine Gedanken zu ordnen suchte. Er spürte, dass das Schreiben ihm guttat, und immer wieder lächelte er, während er an Hermann dachte, so schwer ihm das Herz auch war. Dann setzte er die Feder erneut an:

Es kommt mir merkwürdig vor, hier in meiner Kammer zu sitzen, die Tränen zurückzuhalten und über Dich, Dein Leben und schließlich auch Deinen Tod zu sinnieren, nachdem wir uns gestern noch unterhalten haben. Ich höre Deine Worte noch so klar in meinen Ohren, als würdest Du sie mir in diesem Moment einflüstern:

„*Mein Lieber, weine nicht über mich, frohlocke vielmehr und beglückwünsche mich. Nimm hier, ich bitte Dich, meine Tafeln. Was an ihnen noch zu schreiben übrig ist, das ergänze mit Fleiß, und gib dann die Schriften wieder an solche weiter, die sie zu schätzen wissen. Du selbst aber denke alle Tage daran, dass auch Du sterben musst. Bereite Dich immer mit aller Anstrengung und allen Gedanken auf diesen Weg vor, da Du nicht weißt, an welchem Tag und zu welcher Stunde Du mir, Deinem besten Freund, nachfolgen wirst.*"

Ach, mein lieber Hermann, es ist mir eine Ehre, diese Aufgabe von Dir erhalten zu haben, Deine Schriften, Deine Weltchronik, fortzuführen und so für immer mit Dir und Deinem Wissen in Verbindung gebracht zu werden. Ich kenne keinen Menschen, der klüger, gutmütiger und bescheidener war als Du. Und zu ahnen, zu wissen sogar, dass die Menschen Deinen und meinen Namen in einem Atemzug aussprechen, erfüllt mich mit nichts weniger als unglaublichem Stolz, auch wenn Du mich gewiss mahnen würdest, dass eben jener mir nicht gut zu Gesicht stände. Wie Du überhaupt nie fandest, dass man so etwas wie Stolz empfinden sollte über seine Taten, da diese doch in Deinen Augen stets nur die Taten Gottes waren, durch unsere Hand geführt.

Und wieder lächle ich, Hermann, denn durch die Gedanken an Dich bist Du mir in diesem Moment so nah, dass da auch die Hoffnung mitschwingt, es könnte immer so sein, ein Leben lang. Ja, ich hoffe, Dich so doch nie endgültig gehenlassen zu müssen, da Du in meinen Gedanken weiterlebst und mir hoffentlich einen Hinweis gibst, während ich mich mühe, Deine Arbeit fortzusetzen und zu vervollständigen suche – und zwar so, dass sie Dir gefiele. Ich will auch immer ein wachsames Ohr in mein Inneres haben, in dem Du mir flüstern kannst, ob ich die Aufgabe gut mache, die Du mir anvertraut hast.

Ist es nicht eigenartig, dass ich erst jetzt, da Du für immer gegangen bist, die Gewissheit verspüre, dass Du niemals ganz gehen wirst?

Was haben mich die vergangenen Tage gequält, da Du und ich spürten, es wären die letzten gemeinsamen, die uns blieben. Und so gut ich dies zu verdrängen suchte, warst Du es, der jeden von ihnen mit einem Lächeln begrüßte.

Werden die Bilder in mir je verblassen, die ich in diesem Moment vor mir sehe? Wie Du dasitzt in Deinem Tragesessel und munter Deine Lehren verbreitest, wohl wissend, dass keiner im Raum sie so erfassen kann wie Du es tust? Ich hoffe und bete, dass dies nicht geschieht. Ich möchte sie durch mein Leben tragen – diese Erinnerungen an Dich. Ich möchte Dich einen jeden Morgen, wenn der Herr mich erwachen lässt und mir den Tag als Geschenk übergibt, vor mir sehen, sodass ich Mut schöpfe und Kraft, meine Aufgaben anzugehen und in Deinem Sinne zu erfüllen. Ich möchte mich erinnern und mir als Vorbild nehmen, wie Du Fragen dankend annahmst und Diskurse führtest, wann immer sich die Gelegenheit ergab. Allein schon anwesend sein zu dürfen und zu hören, wie Du die Welt durch Deine klugen Augen sahst, war ein Geschenk, das es für mich nun zu hüten gilt, ganz tief in mir drin.

Ich erinnere mich noch genau, wie Du mir die Laufbahn des Mondes erklärtest und wie man sie messen konnte. Wie viele Nächte verbrachten wir draußen, den Blick nach oben in die Sterne gerichtet, und sprachen über Gottes Wunder, die uns stets unendlich schienen?

Berthold legte die Feder erneut ab und saß einen Moment lang nur da. Die Kälte, die vorhin noch unter sein Gewand gekrochen war, schien durch die Wärme der Gedanken an seinen Mentor verschwunden zu sein. Die Erinnerungen an Hermann waren wie eine warme Decke, die sich über seine Schultern ausgebreitet hatte.

Wie dankbar konnte, nein, musste er sein, diesen Frohsinn zu begreifen, der ihn spüren ließ, dass nur der Körper Hermanns gegangen war, während sein Geist in Berthold lebte und ihm womöglich helfen könnte, die Aufgabe, die ihm so unendlich groß erschien, zu erfüllen. Erneut ergriff er die Feder und schrieb weiter:

Lieber Freund Hermann, wie gerne würde ich jetzt Deine Musik hören. Ein paar Töne Deiner Lieder würden mir noch mehr Kraft verleihen und meine innere Stärke um ein Weiteres beleben können. Oder aber Deine Gedichte, die Du niederschriebst. Wie war es doch gleich, Dein Maria-Magdalena-Gedicht:

Damit wir als glückliche
Sieger über die Bosheit
Des Feindes
Unter der Krone des Himmelreichs
Mit Dir tanzen

Und zusammen mit den Engeln
Und ‚mit Zimbeln hellen Jubels'
‚den Gott der Götter
In Sion'
Loben

‚in alle Ewigkeit'.

Ja, so hast Du es geschrieben. Und auch hier spüre ich die Kraft, die daraus hervorgeht, und meine Gedanken an die Ewigkeit, die noch stärker sind als je zuvor, da wir so häufig über das Paradies sprachen. Was erwartet uns wohl in der Ewigkeit von Gottes Güte, wenn uns unsere Sünden und Fehler vergeben wurden und der Herr uns aufnimmt zu sich?

    Vorhin noch fühlte ich mich leer, da ich nicht mehr an Deiner Seite sitzen konnte und Dir lauschen durfte. Geradezu verzweifelt versuchte ich den Weg zu erkennen, den der Herr mir vorgezeichnet hat, um ihn zu gehen. Ich rang so sehr mit mir, wissend, nun keinen freundlichen Rat von Dir hören zu können oder auch nur Dein mildes Lächeln zu empfangen, mit dem Du meiner Torheit und Verzweiflung begegnet wärst. Bestimmt hättest Du etwas in der

Art gesagt, dass auch die dunkelste Stunde ebenso wie der stärkste Sturm irgendwann dem Licht und der Sonne weichen müssen. Und ich hätte dann wieder die Ruhe in meinem Herzen gespürt, weil ich wusste, dass dann in dieser dunkelsten Stunde Du als Freund und kluger Ratgeber an meiner Seite gewesen wärst und damit auch die Hoffnung, gemeinsam die grauen Wolken vertreiben zu können. Gewiss hätte ich Dir dann gedankt für die neue Hoffnung, die Du mir geschenkt hättest. Deine Antwort hierauf wäre wohl gewesen, dass eben jene Hoffnung die ganze Zeit schon da war, tief in mir und ich nur dort danach hätte suchen müssen, um sie zu finden.

Du hättest meinen Dank zurückgewiesen, das weiß ich, denn es war Deine Bescheidenheit, die Dich zu dem machte, der Du warst. Auch wenn Deine Weisheit und Lehren beeindruckend waren, so war es für mich immer Deine Bescheidenheit, die ich wahrhaft bewunderte und nach der ich mein Leben lang zustrebte und nun, nachdem Du gegangen bist, noch mehr streben werde.

Wieder tunkte er die Feder ein, dachte kurz über seinen letzten Gedanken nach. War es wirklich die Bescheidenheit Hermanns, die ihm das Wichtigste war? Nein, erkannte er dann und schrieb weiter:

Doch neben Deiner Bescheidenheit waren es für mich Dein unermüdlicher Wille und Dein Bestreben, Deine körperlichen Nachteile nicht lebensbestimmend werden zu lassen, die ich über die Maße bewunderte.

Wie oft saßt Du unter größter Anstrengung da, um etwas zu schreiben? Für uns andere ist es eine Selbstverständlichkeit, die Feder halten und sicher führen zu können. Doch Deine Hände bewegten sich langsam und zittrig über das Pergament, und ich glaubte schon, sie würden brechen, so stark bogen sie sich unter der Belastung. Ein paar Schweißtropfen bildeten sich ob der Anstrengung auf Deiner Stirn, doch Du ließest Dich nicht abbringen, das zu schreiben, was Du auf dem Pergament verewigen wolltest.

Genauso verhielt es sich mit Deinen Reden und Diskussionen. Wenn ich nur bedenke, wie anstrengend es für Dich war, viel zu sprechen, so warst Du doch immer an einem Austausch interessiert. Und anders als alle anderen Gelehrten, denen ich in meinem Leben begegnete und denen ich lauschen durfte, warst Du niemand, der trotz seiner Weisheit nur selbst sprach, sondern der – wie unser Herrgott es uns lehrt – vor allem zuhörte. Ja, Du hast zugehört, interessiert und nachdenklich, und Deine Antworten so weise gewählt, dass Dein Gegenüber am Ende gar nicht anders konnte als Dir zuzustimmen und sich von Deinen Argumenten beeindruckt zu zeigen. Dabei ging es Dir gar nicht darum, zu beeindrucken, sondern dem Denken derer, die mit Dir sprachen, immer auch eine andere, eine weitere Sichtweise nahezubringen, um sie verstehen zu lassen, dass der Herrgott stets nicht nur eine Antwort als die richtige wählte und sogar gegensätzliche und sich widersprechende in seinem Sinne sein konnten und ein Teil der Vielfalt darstellten, die er uns mit unserem Dasein schenkte.

Wieder ließ Berthold den Gedanken in sich wirken, und er lächelte, als sein Blick auf das Astrolabium fiel. Diese Sonnenuhr für Wanderer, für die Hermann eine Bauanleitung von Papst Silvester II. erweitert hatte, war eine Augenweide. Und mit Freude erinnerte er sich in diesem Moment an eines der vielen Gespräche, die Hermann und er hierüber geführt hatten, und auch an die Ausführungen, die sein Mentor ihm hierzu gegeben hatte, sodass er die Feder wieder tunkte und in seinem Schreiben fortfuhr:

Ich erinnere mich noch, wie Du mir das Astrolabium erklärt hast. Zuerst dachte ich, ich würde die Zusammenhänge nie verstehen, doch Du beschriebst sie so verständlich, dass es mir nach und nach klar wurde. Ganz so, wie man einem Kinde eine Mechanik erklärt, das diese zunächst unmöglich zu verstehen glaubt.

Die älteren Brüder, die schon vor Jahren zum Herrgott aufgefahren sind, erzählten mir, dass Du schon immer so warst. Als Du im

September 1020, damals erst sieben Jahre alt, in das Kloster Reichenau kamst, warst Du bereits freundlich, fromm und lernbegierig. Abt Bern, der wahrscheinlich Einzige in diesem Kloster, der ebenso gelehrt war wie Du, erzählte mir von Eurer ersten Begegnung. Er war sehr beeindruckt von Dir, so wie alle, die Dich sahen. Er wusste sofort, dass er Dich fördern und fordern wollte, um selbst dafür zu sorgen, dass Du all das ausschöpfen mögest, was der Herr Deinem Geiste mitgegeben hat. Abt Bern sagte mir, dass er, sobald er Dich das erste Mal sah, der festen Überzeugung war, dass Gott selbst Dich genauso mit diesem kranken Körper erschaffen hatte, damit Du keine Ablenkung erführest in einem weltlichen Leben, sondern hier im Kloster Deiner Berufung folgen könntest, damit die Welt klüger würde durch Dich und nicht verharrte im Unwissen, wie es sonst womöglich geschehen wäre.

Ich erinnere noch, wie es war, als Abt Bern vor fünf Jahren zum Herrgott hinauffuhr und so viele Mönche sich traurig und beklommen über den Verlust zeigten. Da warst Du es, der gelächelt hat und die anderen tröstete, dass unser Abt doch nun lediglich bei dem sei, von dem er gekommen ist und zu dem er zurückzukehren hatte, da Abt Bern fleißig dessen Wort verkündet und in dessen Sinne gelebt hatte. Demütig und dankbar sollten wir sein, sagtest Du damals, eines Tages zum Herrn, unser aller Schöpfer, auffahren zu dürfen, wenn unsere Tage gezählt sind und unsere Zeit gekommen ist.

Und nun denke ich, dass unser Abt Bern Dich, da Du ihm nachfolgtest, mit einer brüderlichen Umarmung in Empfang genommen hat und Ihr gemeinsam lächelnd auf uns hier herabblickt und milde lächelt über unser Bemühen, ohne Euch zurechtzukommen. Es ist ein tröstender Gedanke, sich vorzustellen, dass Ihr unsere Geschicke, unsere tölpelhaften Versuche, alles in Eurem Sinne zu erhalten, mitanseht und genau wisst, dass der Herrgott uns vielleicht scheitern, nie jedoch aufgeben lässt.

Es klopfte kräftig an der Tür und Berthold zuckte unweigerlich zusammen.

„Herein", sagte er und merkte dabei, dass seine Stimme sich brüchig anhörte. Die Tür wurde langsam geöffnet und Bruder August erschien im Rahmen.

„Bruder, wir essen gleich. Kommst Du? Du solltest nicht allein in Deiner Kammer sitzen, sondern Deinen Schmerz teilen, um ihn weichen zu lassen."

Berthold nickte freundlich. Er mochte den treuen August. Er war vielleicht nicht so weise wie Hermann, doch er war fromm, ruhig und bedächtig und sorgte sich um jeden, von dem er glaubte, dass er seiner Hilfe bedurfte.

„Ich danke Dir, August. Doch weißt Du, es ist gar nicht der Schmerz, der mich hier sitzen und an Hermann erinnern lässt. Vor einigen Stunden war er es noch, doch nun nicht mehr. Jetzt sind da die Freude und das Gefühl tiefen Danks in mir, ihn gehabt zu haben und damit in meinem Leben und Herzen so reich und erfüllt zu sein, wie ich es ohne ihn nie hätte sein können."

„Wie wunderbar, dass Du so fühlen kannst, Bruder Berthold", antwortete August. „Wenn Du so gut wärst, würde ich mich gern nach dem Essen bei Dir einfinden, auf dass Du mir Geschichten erzählst von Hermann, wart ihr Euch doch so nah wie wohl niemand sonst hier im Kloster."

„Es wäre mir eine Freude, Bruder August. So lass mich denn aber noch diesen Brief beenden, damit ich mit dem Gefühl der Dankbarkeit schließen kann und sodann zum Essen komme."

August lächelte und gab so den Blick auf seine schiefen Zähne frei.

„Gott zum Gruße, Bruder Berthold."

„Gott zum Gruße, Bruder August", bat Berthold zurück, worauf der andere lächelte und dann die Tür von außen schloss.

Berthold setzte die Feder wieder an:

Fast möchte ich schreiben: „Du hast es gehört, lieber Hermann. Die Brüder rufen zum Essen." Und dachte ich noch vorhin, nicht den ge-

ringsten Hunger zu verspüren, so hat das frohe Denken an Dich doch geholfen, mich meinen Magen wieder spüren zu lassen.

Ich habe noch so viele Fragen an Dich, die ich nun niemals stellen kann. Vorhin noch fragte ich mich, ob ich zu feige war, sie Dir zu stellen, als Du noch unter uns warst. Nun jedoch weiß ich, dass die Antworten auf all das, was ich wissen möchte, in mir selbst sind, dort wo auch Du bist, in meinem Herzen. Wie groß war meine Angst, keine Antworten mehr zu erhalten und zu verzagen. Doch nun spüre ich die Zuversicht, dass alles gut wird und all das Wissen, das Du über so viele Jahre mit mir geteilt hast, niemals verloren gehen kann. Einzig die eine Frage, die ich wohl zu feige war, Dir zu Lebzeiten zu stellen, die wird mir nun nie beantwortet werden können:

Hast Du Dir jemals gewünscht, einen anderen Körper zu haben? Einen Körper ohne Nachteile oder Beschwerden? Oder hatten der Herrgott und Du ein Zwiegespräch, in dem er Dir Deine überragende Weisheit anbot, Du aber dafür niemals würdest laufen können? Hast Du Deinen Körper für Deinen Geist geopfert?

Berthold atmete tief durch und schloss einen Moment die Augen. War die Antwort auf diese Frage auch in ihm? Hatte Hermann sie ihm etwa schon beantwortet, irgendwann, zwischen den Zeilen? Ein eigenartiges Gefühl nahm von ihm Besitz, und da war ein Kribbeln, ganz so, als sei er auf dem richtigen Weg, eine Antwort in seinen Gedanken finden zu können. Zwar hörte er nicht Hermanns Stimme, die zu ihm sprach. Doch es war, als könnte er sie fühlen, die Antwort, die sein Mentor ihm gegeben hätte. Denn Berthold erinnerte sich in diesem Moment an ein Gespräch, das sie einmal geführt hatten, und glaubte, dass genau hierin die Antwort verborgen war auf die Frage, die Berthold ihm niemals gestellt hatte. So lächelte er, während er nun schrieb.

Du sagtest einst zu mir, dass Du immer gewusst hättest, dass Dein kranker Körper Deinem überragenden Geist niemals etwas anhaben könnte. Kann ich hieraus für mich also nicht die Antwort entnehmen, dass Dir der Geist stets wichtiger war als der Körper und Du niemals in Erwägung gezogen hättest, das eine gegen das andere einzutauschen?

Und doch – und ich hoffe, Du verzeihst mir diesen Gedanken – frage ich mich, ob Du je darüber nachgedacht hast, wie es wohl für Dich gewesen wäre, alleine durch die Gärten von Reichenau zu streifen, eine Feder ohne Mühe oder Anstrengung zu halten und tatsächlich Deine vielen genialen Gedanken so schnell aufschreiben zu können, wie Dein Geist sie Dir formte. Ich weiß noch, wie Du einmal wolltest, dass ich Dir beschreibe, wie es sich anfühlt zu schwimmen. Nicht das Gefühl des Wassers, denn das kanntest Du wie wir anderen auch, sondern das Gefühl des Schwimmens und der Bewegungen, die das Wasser verdrängten und den Körper an der Oberfläche hielten. Ich beschrieb es Dir als ein Gefühl der Leichtigkeit, der Schwerelosigkeit, wie ein Vogel in der Luft, frei von allen Sorgen und gehalten wie durch Gottes Hand. Nach dieser Antwort hast Du gelächelt und gesagt, dass Du Dir nun ein Bild machen könntest. Dann hast Du den Kopf nach hinten gelegt, die Augen geschlossen und bist in einem Traum versunken, von dem Du mir später erzähltest, dass es für Dich war, als könntest Du schwimmen und die Gefühle erleben, die ich Dir beschrieben hatte.

Ach, Hermann, mein wunderbarer Freund, wie gerne würde ich noch einmal mit Dir sprechen. Ein allerletztes Mal. Und zu wissen, dass es kein weiteres Mal geben wird, treibt mir nun doch noch mal die Tränen in die Augen, denn diese Endgültigkeit, so zuversichtlich ich auch sein mag, bestürzt mich und macht mir Angst.

Ja, ich habe Angst, Hermann.

Du würdest jetzt gelassen zu mir sprechen und mir meine Ängste nehmen, doch allein in dieser Kammer und nur mit dem Pergament vor mir, dem ich meine Gedanken anvertrauen kann, fällt mir das Ganze schwer. Ohne Dich fühle ich mich allein, und trotz der wunderbaren Bilder, die ich vor mir sehe, wie Du und Abt Bern zusam-

men seid und auf uns hier herabblickt, ist da doch auch die Furcht, mir dies nur einzubilden, da die Wissenschaft, die Dir stets wichtig war, ein solches Bild nicht als wahr belegen kann. Und so muss ich feststellen, auch wenn es mich bestürzt: Ich fürchte mich vor dem Tod.

Denn auch wenn ich weiß, dass der Herrgott seine schützende Hand über mich hält, so kann ich doch nicht umhin, mich zu fürchten vor dem, was uns allen bevorsteht.

Sag mir, Hermann, wird es wehtun? Nicht das Sterben, nicht die Krankheit oder das hohe Alter, die einen langsam oder schnell dahinraffen, bis man sich wünscht, von den Qualen erlöst zu werden und endlich aufzufahren in den Himmel, losgesagt von allen begangenen Sünden. Nein, ich spreche von dem Tod selbst. Bereitet er Schmerzen oder ist es wie ein letztes, gefühlvolles Ausatmen vor einem endlosen Schlaf?

Wie, Hermann, wie war es Dir immer möglich, die Welt mit einer solchen Gelassenheit zu betrachten? Ängste wegzuwischen, als seien sie nichts als Spinnenweben, und trotzdem nie gleichgültig gegenüber den Gefühlen anderer zu werden?

Ich kann Dir kaum beschreiben, wie beeindruckend ich es immer fand, wie Du Dein Leben gelebt hast und wahrhaft glücklicher warst als wir alle, denen uns doch rein körperlich weit mehr gegeben wurde als Dir. Doch Du hast uns nicht beneidet, warst nicht erzürnt über diese Ungerechtigkeit, sondern munter und tief in Dir glücklich bis zum Ende. Einzig als die Krankheit Dich zehn Tage und Nächte lang quälte und Dir vor Schmerzen mehrfach die Sinne schwanden, da warst Du ausnahmsweise nicht mehr in Dir ruhend.

Ich war so betrübt, als Du mir von Deinem Traum erzähltest, von Deiner Sehnsucht nach dem Jenseits und Deinem Überdruss dem Leben gegenüber. Ich konnte, so muss ich gestehen, einfach nicht glauben, dass jemand wie Du, der sein ganzes Leben glücklich war, dessen plötzlich überdrüssig sein könnte.

Wieder war da ein eigenartiges Gefühl, das von Berthold Besitz ergriff, und er nahm sich einen Moment, in sich hineinzuhorchen. War das Hermann, der in ihm aufging und nach den Zeilen der Verzweiflung wieder Mut in ihm aufkommen ließ?

Eine Träne fiel auf das Pergament, eine Träne der Rührung und Dankbarkeit, weil er nun sicher war, dass der Freund aus seinem Innern heraus auf ihn wirkte, um ihn zu fangen, damit er nicht wieder tief in seine Trauer fiel.

Ja, Hermann, ich verstehe Dich. Ich verstehe jetzt Deine Worte, dass Du gehen wolltest und den Tod herbeigebeten hast, denn für Dich war es nicht das Ende, sondern vielmehr der Anfang. Ein Anfang an der Seite unseres Herrn, den wir lobpreisen und ehren und der Dich mit dem Paradies belohnt. Und deswegen waren Deine letzten Gedanken, davon bin ich in diesem Moment fest überzeugt, nicht die eines Mannes, der des Lebens überdrüssig war, sondern die eines Mannes, der die Befreiung seines Geistes kaum mehr erwarten konnte.

Ich denke, dass die Erkenntnis, ein Leben so gut gelebt zu haben, wie es Dir überhaupt nur möglich war, ein äußerst befriedigendes Gefühl sein muss. Auch wenn der Herrgott Dir keinen Körper gegeben hat, so gab er Dir doch einen Geist, der den von uns anderen bei Weitem übertraf.

Ich kann nun lächeln, weil ich weiß, dass Du das Einzige, das Dich jemals einschränken konnte, verlassen hast und das Paradies erlebst, das Dir in der unendlichen Güte des Herrn vergönnt ist.

Ich danke Dir, Hermann, für alles, das Du mir gegeben hast und von dem ich spüre, dass Du es mir noch immer gibst, sogar über Deinen Tod hinaus. Du wirst immer in mir sein, und die Zuversicht, so Deine Chronik weiterführen zu können und Deinem Andenken gerecht zu werden, erfüllt mein Herz mit Freude.

Möglicherweise ist dies der letzte Brief, den ich an Dich richte. Möglicherweise jedoch nur einer von vielen, die ich noch an Dich schreiben werde, weil ich spüre, dass wir uns so nah sein können und Du mir beistehst, wo auch immer Du jetzt sein magst.

Also schließe ich nun, lieber Hermann, und wir treffen uns im stillen Gebet und dereinst wieder, wenn auch meine Zeit hier auf Erden zu Ende geht. Doch vorher, und dafür werde ich sorgen, werden Deine Lehren und Schriften in die Welt entlassen, auf dass diese niemals vergessen möge, wer er war, dieser Hermannus Contractus, dieser Hermann von Reichenau. Ein Mann des Geistes, ein Mann der Güte und Bescheidenheit. Ein Gelehrter und großer Denker – und mein Freund.

In Dankbarkeit
Gez. Berthold von Reichenau

Berthold legte die Feder ab und betrachtete das beschriebene Pergament. Er wischte sich die Augen, die wund und gerötet waren durch seine Tränen. Dann streckte er sich, erhob sich vom Stuhl, löschte die Kerze und ging zur Tür. Bevor er diese von außen schloss, warf er noch einen Blick hinein.

„Bis später, Hermann", sagte er und lächelte. Und wenn er sich nicht täuschte, so hallte der Gruß aus seinem Innern zurück.

Berthold von Reichenau führte auf Hermanns Wunsch die Weltchronik (*Chronicon*) fort, die eine Hauptquelle für die Geschichte des 11. Jahrhunderts ist. Bis heute gilt Hermann als einer der herausragendsten Gelehrten seiner Zeit. Seine größte Leistung ist wahrscheinlich seine transparente Aufbereitung und Darstellung bereits vorhandenen Wissens – zum Beispiel aus arabischsprachigen Ländern im Bereich Mathematik und Astronomie –, um dieses anderen zugänglich zu machen. Hermann wird in Quellen als weise, wissbegierig, fromm und bescheiden beschrieben. Obwohl er Schwierigkeiten mit dem Sprechen und Schreiben hatte, ließ er sich nicht davon abhalten, seine Lehren zu verbreiten und mit anderen über diverse Themen zu diskutieren. Hermann verfügte über ein breites Wissen in diversen Bereichen und gilt als Universalgelehrter.

Falsch Zeugnis

von Juliane Stadler

Anno Domini 1110

„Vergiss nicht, mit wem du redest!", grollte Udalrich von Dapfen mühsam beherrscht. Seine Rechte schloss sich um das Holzkreuz auf seiner Brust zur Faust. Doch als er sich erinnerte, was oder vielmehr *wen* er zu zerquetschen drohte, öffnete er die Hand hastig wieder. Gleichwohl hatte er nicht übel Lust, den Mann, der da vor ihm stand und geradezu herausfordernd seinem Blick begegnete, durch einen Tritt vor die Tür zu befördern. Aufgeplustert wie ein Gockel, einen Daumen lässig hinter den Gürtel gehakt, sah Guntram Seeberger ihn an.

Weiß Gott, unter anderen Bedingungen hätte er den Kerl samt seinen unverschämten Forderungen mit einem der holzgebundenen Bücher aus der Kammer geprügelt. Doch wäre das dem wertvollen Schriftstück gewiss abträglich gewesen. Und für den Abt des Klosters Reichenau geziemte sich derartiges Verhalten nicht – ein Umstand, den Udalrich an diesem Tag mehr denn je bedauerte. Genau wie die Tatsache, dass er Guntram brauchte. Dass er, um ganz ehrlich zu sein, abhängig von ihm und seinen Diensten war.

„Wie könnte ich das je vergessen, ehrwürdiger Abt", entgegnete sein Gegenüber, als antworte er nicht auf Udalrichs Worte, sondern auf seine Gedanken.

In seiner Funktion als Vogt war Guntram seit vielen Jahren unverzichtbares Bindeglied zwischen Kloster und Außenwelt und regelte alle verwalterischen Angelegenheiten, die nicht in der Befugnis eines Kirchenmannes lagen. Udalrich hatte den Ministerialen nie gemocht, aber für seine Zuverlässigkeit geschätzt. Es ließ sich nicht leugnen, dass Guntram über die Jahre Kenntnisse und Fähigkeiten erworben hatte, die ihn unersetzlich machten – was er aufs Schäbigste auszunutzen gedachte, wie es schien. Nicht zum ersten Mal, doch das Selbstbewusstsein, mit dem er seine Forderung vortrug, war neu. Zum Teufel, es stimmte, dass die Ministerialen sich immer maßloser gebärdeten und ihren Platz in Gottes Ordnung vergaßen, seit sich durchgesetzt hatte, dass ihre Ämter vom Vater auf den Sohn übergingen und ihre Familien unzertrennlich mit der Aufgabe verschweißten. Wenigstens blieb ihnen und ihren Nachkommen der Zugang zum geistlichen Leben im Reichenauer Kloster verwehrt, das schon seit Langem nur noch Edelfreien offenstand. Und dieses unwürdige Theater gerade bewies, weswegen die Trennung gerechtfertigt war.

„Wir beide wissen, dass ich Euch und dem Kloster ergeben diene. Eine angemessene Bezahlung für meine Arbeit steht mir zu."

Udalrich kochte innerlich und er spürte, wie seine Wangen heiß wurden. Vermutlich hatten sie wie sein kahler Schädel längst die Farbe des Mohns angenommen, der draußen zwischen dem Weizen blühte. „Angemessen, fürwahr. Und keiner hat je verlangt, dass du es für Gotteslohn tust." *Auch wenn dir das gut zu Gesicht stünde, du gieriger, aufsässiger Wicht.* „Doch was du da forderst, ist ein Vielfaches dessen, was recht und billig und als Vergütung für dein Amt vorgesehen ist."

„Woher nehmt Ihr diese Gewissheit? Wo steht dergleichen geschrieben?", erkundigte sich Guntram, und seine ganze Haltung, sein selbstzufriedener Blick weckten in Udalrich den Wunsch, die Angelegenheit nun doch mit Prügel statt mit Worten aus der Welt zu schaffen.

Hatte jemals jemand auf diese Weise mit dem Abt zu reden gewagt, ihn indirekt gar der Lüge bezichtigt? Wo sollte das hinführen? Was, wenn diese unverschämte Maßlosigkeit bei ihren anderen Dienstmannen Schule machte? Die Klosterkasse wäre schneller geleert, als er das Credo beten könnte.

„So wurde es seit jeher, von Anbeginn des Klosters, gehandhabt", knurrte er.

„Worte sind wie Rauch", sagte sein Gegenüber mit aufreizender Gelassenheit. „Wir beide wissen, dass nur zählt, was mit Brief und Siegel belegt werden kann."

Udalrichs Kiefer rieben knirschend aufeinander vor unterdrückter Wut. Es stimmte. Seit die Staufer die Macht hatten, besaß allein das geschriebene Wort Gültigkeit, selbst wenn etwas seit Jahr und Tag Brauch war. Ohne Urkunde sah man sich dem Gutwill der Obrigkeit ausgeliefert. Oder dem seiner Dienstleute. Dieser Umstand weckte Gier und Verschlagenheit in den Menschen, aber ohne entsprechendes Schriftstück war dem kaum beizukommen.

Natürlich hatte Udalrich sich eigens davon überzeugt, dass tatsächlich keine Urkunde existierte, welche die Vergütung ihrer Vögte schwarz auf weiß regelte. Schon vor Wochen hatte er sich höchstpersönlich durch das Klosterarchiv gearbeitet, in dem Hunderte Dokumente von Gründung an bis heute aufbewahrt wurden. Und obwohl er sicher war, jede Urkunde mindestens zweimal geprüft zu haben, gab es keine, die sich zu diesem Thema äußerte. Er hatte nichts in der Hand. Nichts, außer der Tradition und der Autorität seines Amtes. Und wie viel Gewicht beides besaß, demonstrierte sein Gegenüber aufs Trefflichste. Es war ernüchternd.

Guntram erkannte, dass Udalrichs Geduld aufgebraucht war, und einen Herzschlag lang huschte Unsicherheit über seine Züge. „Zu Johanni in fünf Tagen erwarte ich mein Geld", brachte er dann jedoch selbstbewusst hervor. Eine knappe Verbeugung und er verließ die Kammer, ohne weitere Einwände oder gar die Erlaubnis des Abtes abzuwarten.

Udalrich blickte sich nach etwas um, das er dem aufsässigen Ministerialen hinterherwerfen konnte, doch die Tür hatte sich bereits geschlossen. Er war allein.

Kurz vergrub er das Gesicht in den Händen und erlaubte sich einen Moment der Schwäche. „Allmächtiger Vater, schenke mir Kraft", murmelte er in die Handflächen. Sein Schädel brummte wie ein Bienenstock und Schwindel erfasste ihn. Er griff nach dem geschnitzten Kästchen auf seinem Tisch und zog ein kleines Leinensäckchen heraus. Es enthielt getrocknete Weinbeeren, die er für jene Momente dort verwahrte, in denen sein Amt ihn über Gebühr strapazierte – ein winziges Zugeständnis an die Tatsache, dass er Mensch und kein Heiliger war.

Inzwischen hatte das Säckchen beklagenswert an Gewicht verloren. Und es würde noch leichter werden, bedachte Udalrich, welche Angelegenheit als Nächstes seiner Aufmerksamkeit bedurfte. Er steckte sich eine Beere in den Mund, dann eine zweite und genoss mit geschlossenen Augen die Süße, die ihn einen Moment lang alle Unbill vergessen ließ. Dann schickte er nach Bruder Pirmin.

Mochte Gott ihm vergeben, doch Udalrich empfand eine boshafte Freude daran, den jungen Mönch ohne ein Wort vor seinem Tisch stehen und schwitzen zu lassen, während er ihn stumm musterte. Er forschte in dem Gesicht unter der haselnussfarbenen Tonsur und überlegte, was es ihm über die Person verriet. Gab es etwas über seine Abkunft, über seine Erziehung oder gar über seine Gedanken preis?

Anders als Guntrams zänkische Miene war Bruder Pirmins Ausdruck schwer zu deuten. Der Blick der braunen Augen wirkte wach, aufmerksam und enthielt im Augenblick vielleicht eine Spur Vorsicht. Einzig die feinen Schweißperlen auf der Stirn verrieten seine Anspannung. Dennoch hielt er der Musterung schweigend stand und rührte sich nicht – ein Umstand der Udalrich Respekt abrang.

Vor wenigen Wochen hatte der junge Mönch an die Tür des Klosters Reichenau geklopft und um Aufnahme gebeten, mit nichts weiter als dem zerknitterten Empfehlungsschreiben eines unbekannten Stifts in der Tasche. Im Reichenauer Skriptorium wolle er sich nützlich machen, das schließlich weithin für seine Buchkunst gerühmt wurde, hatte der Neuankömmling gesagt. Offenbar wusste er nicht, dass diese glanzvollen Zeiten längst der Vergangenheit angehörten. Aber sei's drum, Udalrich hatte es ihm gestattet, unter der Auflage, dass er binnen Monatsfrist seine adlige Abstammung nachwies – unabdingbare Voraussetzung für eine endgültige Aufnahme in die Reichsabtei. Und diese Frist war nun verstrichen.

Zugegeben, der Bruder hatte sich in den zurückliegenden Wochen als tüchtiger und begabter Schreiber erwiesen und es wäre bedauerlich, ihn zu verlieren. Doch Udalrichs jüngste Erfahrungen unterstrichen, dass Gottes Ordnung gewahrt bleiben musste, zum Wohle aller – besonders aber zur Erhaltung seines persönlichen Seelenfriedens.

„Du hast den geforderten Nachweis?", fragte er.

Bruder Pirmin nickte und zog eine Pergamentrolle aus dem weiten Ärmel seines Habits. „Ein Bote meiner Familie hat das Dokument überbracht, ehrwürdiger Vater."

Mit ergeben gesenktem Kopf reichte er Udalrich das Schriftstück, der es nahm und auf seinem Tisch entrollte. Mit dem Finger fuhr er an dem ordentlich ausgeführten Text entlang, der Auskunft über die Überschreibung eines Hofguts an die Familie derer von Schaunheims gab. Verwendet wurde die karolingische Kanzleischrift mit den gängigen Formulierungen, was unterstrich, dass er ein altes Dokument von offizieller Stelle vor sich sah. Aus der Urkunde ging eindeutig hervor, dass es sich bei Pirmins Familie um Edelfreie handelte, die durch die Überschreibung für ergebene Dienste belohnt wurden. Udalrich nickte zufrieden. Ein eingesessenes, kaisertreues Adelsgeschlecht, wie es schien.

Zuletzt zog er das Siegel hervor, das am Ende des Dokuments mit einem weiteren Pergamentstreifen fixiert und beim Entrollen unter den Bogen gerutscht war. Er strich über das Wachs, das in der Form eines menschlichen Profils mit vorspringender Nase und markantem Kinn auseinandergelaufen war, bevor man das Wappen hineingeprägt hatte. Ein kurioser, dem Zufall geschuldeter Effekt. Unverwechselbar.

„Willst du mich zum Narren halten?", brüllte der Abt unvermittelt und donnerte seine Faust so hart auf den Tisch, dass das Kästchen mit den Weinbeeren einen Hüpfer machte und Bruder Pirmin zusammenzuckte. Herrgott, Udalrich hätte ahnen müssen, dass dieser Tag nichts Gutes mehr für ihn vorsehen würde, nachdem er derart unerfreulich begonnen hatte.

Der Mönch blinzelte ein paar Mal, hob dann beinahe trotzig das Kinn. „Ich … ich weiß nicht, worauf Ihr …"

„Nimm dich in Acht, Bursche!", zischte Udalrich und drohte ihm mit dem ausgestreckten Zeigefinger wie mit einer Waffe. „Du bist schon der zweite dreiste Lügner, der mir heute gegenübertritt. Und, bei Gott, meine Geduld ist restlos aufgebraucht!" Er trat hinter dem Tisch hervor und hielt seinem Gegenüber die Urkunde so hin, dass ihm das Siegel unmittelbar vor dem Gesicht baumelte.

Udalrich kannte das Siegel. Und damit meinte er nicht das Abbild, das hineingeprägt worden war. Er kannte *dieses* Siegel, genau dieses, das die Form eines menschlichen Kopfes in Seitenansicht aufwies und ihn bereits beim ersten Mal an Ekkehard von Nellenburg, seinen Vorgänger im Amt, gemahnt hatte – einziger Grund, warum er sich erinnerte. Bei seiner Suche nach Aufzeichnungen zur Vergütung der Dienstmannen war er erst vor wenigen Wochen im Klosterarchiv darauf gestoßen und hatte sich über die Ähnlichkeit mit dem früheren Abt amüsiert.

„Erkläre mir das, Bruder!", forderte er scharf. „Wie kann es sein, dass ein Bote deiner Familie ein Dokument überbringt mit einem Siegel, das sich vor Kurzem noch im hiesigen Archiv befand – nur unter einem völlig anderen Text?"

Pirmins ganzer Körper versteifte sich und er schwieg verbissen. Nur sein Adamsapfel glitt auf und ab, als er nervös schluckte.

„Warum diese Posse? Wolltest du mich herausfordern? Oder an der Nase herumführen? Was zum Teufel geht hier vor?" Udalrich stand nun ganz nah vor dem jungen Mönch. Es verschaffte ihm geradezu teuflische Befriedigung, seinen aufgestauten Ärger endlich an jemandem auslassen zu können. „Woher stammt diese Urkunde? Gewiss nicht von deiner Familie!"

Einige Herzschläge lang zögerte der junge Mann noch, vielleicht weil er nach einer plausiblen Ausrede sann, dann jedoch hielt er Udalrichs bohrendem Blick nicht länger stand. „Die … die Urkunde – sie stammt aus diesem Archiv, hier aus dem Kloster Reichenau", brachte er schließlich hervor.

„Lüg mich nicht an", brüllte der Abt. „Text und Siegel passen nicht zusammen, das weiß ich genau."

„Das … das ist richtig, ehrwürdiger Vater. Aber nur weil ich … den Text nachträglich geändert habe."

„Du hast … was?" Fassungslos starrte Udalrich den Mönch an, dann das Pergament in seiner Hand. Er trat zurück hinter seinen Tisch und breitete die Urkunde erneut vor sich aus, studierte die ordentlich aneinandergereihten Worte, die wohlbekannten Phrasen, die fein geschwungenen Buchstaben. Vergeblich versuchte er herauszufinden, wo das Original endete und die Lüge anfing. Alles war geradezu perfekt – von der sauberen Anordnung auf dem Pergament, über den Text, der sich passender Formulierungen bediente, bis hin zur besonderen Kanzleischrift, die man einstmals eingeführt hatte, um genau das – Fälschungen – zu verhindern. Udalrich musste sich eingestehen: Ohne den Zufall des besonderen und ihm bekannten Siegels wäre der Schwindel ihm niemals aufgefallen.

Schwer ließ der Abt sich in seinen Lehnstuhl fallen und fixierte Bruder Pirmin lange, bis der Mönch unter seinem brennenden

Blick kaum noch stillstehen konnte. „Du hast das gemacht? Allein?", fragte Udalrich noch einmal.

Pirmin nickte. „Ja, Vater. Aber doch nur, weil ich … weil ich unbedingt hierbleiben wollte. Und Ihr hättet es niemals erlaubt, da ich lediglich der Sohn eines einfachen Schreibers bin." Mit jedem Wort wurde er leiser. „Aber ich schätze, nach dieser Sache ist es ohnehin …"

„Wie?", unterbrach Udalrich ihn. „Wie hast du es angestellt?" Er griff nach dem Kästchen auf dem Tisch, holte eine Portion Weinbeeren aus dem Beutel und schob sich alle auf einmal in den Mund.

Der junge Mönch blinzelte irritiert, räusperte seine Stimme herbei und begann schließlich zu berichten, langsam und stockend, wie er den kühnen Entschluss fasste. Wie er im Archiv nach einer angemessen alten und glaubwürdig wirkenden Urkunde mit eindrucksvollem Siegel gesucht hatte, die niemand vermissen würde und ihm als Trägermaterial dienen konnte. Wie er die überflüssigen Textpassagen akribisch mit einem scharfen Messer ausschabte. Wie er in anderen Dokumenten nach passenden Formulierungen geforscht und Tag und Nacht die Kanzleischrift geübt hatte, bis sich seine hinzugedichteten Worte in Größe und Duktus nicht mehr von den übrigen unterschieden. „Ich hatte schon immer ein besonderes Talent fürs Schreiben und für die Kalligrafie", erklärte er und für einen kurzen Moment schwang Stolz in seiner Stimme. „Deswegen wollte ich ja auch hier …" Doch als dem Mönch bewusst wurde, was er gerade gestanden hatte, rutschte seine hagere Gestalt zu einem Häufchen Elend zusammen. „Bitte, Vater", krächzte er mit hängenden Schultern, „verkündet Eure Strafe. Ich werde sie demütig in Empfang nehmen und anschließend meine Sachen packen und verschwinden."

„Nicht so schnell, mein Freund!", entgegnete der Abt schneidend. Blanke Angst trat auf Pirmins Gesicht, vermutlich weil er ein noch härteres Urteil erwartete. Und ja, vermutlich wäre dies seiner unerhörten Tat angemessen gewesen. Denn *Du sollst nicht falsch Zeugnis reden*, besagte das achte Gebot.

Doch Udalrich dachte bereits an seinen unverschämten Vogt Guntram, an überzogene Forderungen – und an fehlende Dokumente, um dagegen vorzugehen. Und auf einmal trat ein Lächeln auf seine Lippen, als eine Idee Gestalt anzunehmen begann.

„Hör mir zu, Pirmin, was hältst du davon, wenn wir einen Handel schließen?"

Adelindis
und die toten Äbte
von Reichenau

von Carmen Mayer

Anno Domini 1136

ch habe einen Fehler auf der Urkunde entdeckt, Hildegard", raunte Adelindis ihrer Begleiterin zu.

Die hob mahnend einen Finger. „Du sollst dir nicht anmaßen …", begann sie, aber Adelindis unterbrach sie mit einer ungeduldigen Handbewegung.

„Sieh doch nur genau hin!", flüsterte sie aufgeregt, ohne den Blick von dem Schriftstück zu wenden, das vor ihnen lag. „Mit der Urkunde stimmt etwas nicht."

Sie zeigte auf eine Zeile des kunstvoll beschriebenen Pergaments, das mit wundervoll gestalteten Initialen verziert war.

„Da steht ‚*quandam villam proprietatis nostre sitam in centena extagia*' …" Sie hob fragend den Blick um herauszufinden, ob Hildegard verstand, was sie meinte. Aber die Schwester zuckte nur die Schultern. „Es müsste *ertagia* heißen, Eritgau, oder nicht? Es geht doch dabei um die Ortschaften, die zu unserem Stift im …"

„Du steckst deine Nase in Dinge, die dich nichts angehen!", donnerte die Stimme von Bruder Galfredus, dem Vorsteher des Scriptoriums, der von den beiden unbemerkt eingetreten war.

Adelindis war zwei Tage zuvor zusammen mit Schwester Hildegard in der Benediktinerabtei *Monasterium Augiensis* angekommen. Nach einem fast viertägigen Fußmarsch hatten die beiden Frauen die Insel auf dem seit wenigen Jahren von *lacum Potamicum* in ‚Bodemse' umbenannten See erreicht.

Von den Mönchen des Klosters waren sie recht skeptisch aufgenommen worden. Sie vermuteten, die beiden wären hier, um Geld für den Wiederaufbau ihres schon mehrere Male abgebrannten Stifts zu erbitten. Allerdings empfing sie der nach dem schrecklichen Mord an Abt Ludwig von Pfullendorf vor wenigen Monaten zum neuen Abt des Klosters ernannte Udalrich von Zollern mit aller ihnen gebührenden Gastfreundschaft. Er wusste um den Grund ihres Kommens:

Bei einem Spätsommergewitter war ein Teil der bereits seit Jahren heruntergekommenen Gebäude ihres Stifts wieder einmal in Flammen aufgegangen. Zum Leidwesen der Schwestern waren der Feuersbrunst unter anderem alle wichtigen Dokumente zum Opfer gefallen. Die beiden Frauen sollten daher bei den Mönchen eine Urkunde abholen, mit der sich beweisen ließ, wie es um das Besitztum des am Verdersee gelegenen, *Bochaugie* genannten benediktinischen Heimatstifts der beiden Schwestern bestellt war.

Durch den seit Jahren schwelenden Zwist zwischen Klerus und weltlicher Macht war nicht nur *ihr* Kloster in Schwierigkeiten geraten. Auch das Kloster auf der Insel im Bodemse hatte seine Blütezeit sichtbar hinter sich gelassen. Was unter anderem daran gelegen haben mag, dass sich die Mönche in wohl adeligem, aber wenig ihrem mönchischen Stand entsprechendem Verhalten in die zum Teil bewaffneten Auseinandersetzungen eingemischt hatten. Dies kostete viel Geld, das kaum wieder erwirtschaftet werden konnte.

Bei den Auseinandersetzungen zwischen Adel und Klerus ging es auch um die Macht, den Vögten wohlgesonnene Äbtissinnen und Äbte nach eigenem Gutdünken einsetzen zu können. Viele von ihnen machten sich dazu Ministerialen zunutze, die ihre eigenen Vorteile verfolgten – ehemalige unfreie Dienstmannen, die alles daransetzten, ihren neuen Stand zu festigen und möglichst noch zu erweitern. Wobei diese sich freilich stets auf die

Seite derer stellten, die ihnen die besten Voraussetzungen dafür boten – unbedacht dessen, was ihr Tun und Lassen gerade für die Klöster anrichtete. Das hatte Folgen: Mittlerweile waren viele Klöster völlig verarmt und andere bereits aufgelöst worden, nachdem man sie in den Ruin getrieben hatte.

Seit dem ersten Brand ihres Stifts am Verdersee vor knapp drei Jahrzehnten und weiteren Bränden danach lebten dort nur noch wenige Schwestern. Zwei von ihnen waren adeliger Herkunft, die anderen – wie im Übrigen auch Adelindis – von eher niedrigem, wenn nicht gar zweifelhaftem Stand. Die Frauen kämpften täglich darum, dass ihnen nicht nur Grund und Boden, sondern auch die Pfründe der wenigen Schwestern und die einst von Ludwig dem Frommen erteilten Privilegien erhalten blieben. Das war nicht einfach, denn auch sie machten wie sehr viele andere Mönche und Nonnen die Erfahrung, dass ihr Vogt gierig die Hände nach den Gütern des einstmals reichen Stifts ausstreckte.

Um das zu verhindern, war die Urkunde für das Benediktinerinnenstift Bochaugie so wichtig, die jetzt vor ihnen lag.

Adelindis war mit einer gewissen Art natürlicher Neugier ausgestattet, die nicht bei allen Stiftsschwestern gut ankam und auch hier im Kloster – gerade bei Bruder Galfredus – auf deutliche Ablehnung gestoßen war. Irmentraud, die erst seit einem guten Jahr die Geschicke ihres Stifts leitete, hatte sich einst des Findelkindes angenommen, das am Tag der heiligen Adelindis, der dem Kind im Übrigen auch seinen Namen gegeben hatte, an der Klosterpforte abgelegt worden war. Das aufgeweckte Mädchen hatte von den Schwestern des Stifts nicht nur lesen, rechnen und schreiben gelernt, sondern war von Hildegard auch ein wenig in Latein unterrichtet worden.

Eines Tages entdeckte Adelindis das Lehrgedicht Abt Walahfrid Strabos ‚*de cultura hortorum*‘, in dem der Kräutergarten seines Klosters ausführlich beschrieben wurde. Seither war kein Schriftstück vor ihrem Wissensdurst sicher gewesen, das sich in irgendeiner Weise um Kräuter, Gift- und Heilpflanzen drehte. Adelindis steckte ihre Nase in jedes Kräutlein, das sie fand, und studierte eifrig sämtliche Schriften über Wirk- und Verwendungsweise, sobald sie ein neues Kraut gefunden hatte. Leider waren auch diese wertvollen Schriften ein Raub der Flammen geworden.

Mitten in das Entsetzen um den Schaden, den der Brand angerichtet hatte, kam die erlösende Botschaft, im *Monasterium Augiensis* sei just ein paar Tage zuvor die uralte Kopie jener unschätzbar wichtigen Urkunde aufgetaucht, mit deren Hilfe dem Stift möglicherweise eine Schließung erspart würde. Nach ihr hatte Irmentraud verzweifelt suchen lassen, nachdem das Original beim Brand unwiederbringlich vernichtet worden war. Die wenigen noch im Stift lebenden Schwestern jubelten, und Irmentraud beauftragte Adelindis und Hildegard einen Tag später damit, das wertvolle Schriftstück im Kloster der benediktinischen Mönche noch vor Einbruch des Winters abzuholen.

Nun hatte eben diese Urkunde die besondere Aufmerksamkeit der jungen Schwester erregt. Überrascht schaute sie zu, wie Galfredus das Pergament fein säuberlich faltete, versiegelte und Hildegard überreichte. Offenbar war das Dokument nie zuvor gefaltet gewesen und konnte somit nach Adelindis' Ansicht unmöglich in den Archiven des Klosters verborgen gelegen haben.

Gerade, als Hildegard das Schriftstück in ein Leinentuch gewickelt und mit einem Band unter ihrem Überwurf festgebunden hatte, war von draußen ein gellender Schrei zu hören. Einer der Brüder stürzte atemlos herein.

„Galfredus, ich bitte dich, komm schnell! Abt Udalrich liegt im Sterben! Der Medicus versucht alles, um ihm zu helfen, aber Bruder Wolfram bereitet schon die Sterbesakramente für ihn vor."

Der Custos fuhr erschrocken zusammen. „Was sagst du da?"

„Udalrich liegt mit schweren Fieberkrämpfen in seiner Pfalz…"

Weiter kam der Mönch nicht. Galfredus schob ihn so ungestüm zur Seite, dass sich sein Mitbruder gerade noch auf den Beinen halten konnte, und stürmte mit den an die beiden Frauen gerichteten Worten „Ihr bleibt hier!" aus der mönchischen Schreibstube.

„Sterbesakramente? Fieberkrämpfe?" Adelindis wandte sich mit überrascht hochgezogenen Augenbrauen an Schwester Hildegard. „Ein erwachsener Mann? Vielleicht ist es ja eher die Fallsucht! Dagegen hilft …"

„Schweig still", unterbrach Hildegard sie barsch. „Wir haben nichts damit zu schaffen, hast du mich verstanden? Wir werden noch vor der Mittagshore den Heimweg antreten. Bruder Anselm hat versprochen, sich um unseren Proviant zu kümmern. Ich werde nachsehen, wie weit er damit ist. Du gehst voraus und packst unsere Bündel, damit wir keine Zeit verlieren. Es wird schon früh dunkel."

Mit diesen Worten schob sie die jüngere Schwester aus dem Scriptorium. Dabei hätte Adelindis nur zu gern gewusst, was der Medicus gegen die angeblichen Fieberkrämpfe Udalrichs unternommen hatte. Außerdem überraschte sie die Eile, zu der Hildegard sie plötzlich drängte.

Da tauchte Galfredus mit leichenblasser Miene wieder vor ihnen auf.

„Udalrich von Zollern ist zu unserem himmlischen Vater heimgekehrt, am heutigen Tag des heiligen Magnus, versehen mit den Sterbesakramenten", sagte er beinahe atemlos und zeichnete mit dem Daumen ein Kreuzzeichen auf seine Stirn.

„Amen. Habt unser tief empfundenes Mitgefühl", antwortete Hildegard, die mit gesenktem Kopf vor dem Custos stand und sich ebenfalls bekreuzigte.

„Leider hat es nicht sollen sein, dass Udalrich in Rom die heilige Weihe zum Abt erhält, wo er noch vor dem Christfest erwartet wurde. Er hat sich schon seit Tagen darauf vorbereitet und wollte sich nach eurer Abreise auf den Weg machen." Galfredus hob bedauernd die Schultern. „Trotz der fehlenden Weihe haben wir ihn nach dem gewaltsamen Tod unseres ehrwürdigen Abtes Ludwig von Pfullendorf zur Zeit des Eismondes …" Er unterbrach sich und schlug erneut ein Kreuz. „Haben wir Udalrich als unseren Abt anerkannt. Diese schrecklichen Umstände überall auf dieser Welt – es ist eine schwierige Zeit."

Adelindis hatte erwartet, dass Galfredus sie zu einem Gebet am Totenbett des Abtes einlud, doch der Mönch machte keinerlei Anstalten dazu. Ihr ging das Gespräch einiger Mönche durch den Kopf, wonach der bärbeißige Galfredus lange Zeit vergeblich gehofft hatte, selbst zum Nachfolger Ludwigs ernannt zu werden, und Udalrich nicht gerade wohlgesonnen war. Seltsam, dass der Abt gerade jetzt verstorben war, so kurz vor seiner Weihe zum Abt …

„Wir würden Abt Udalrich gern als ein letztes Zeichen unserer Ehrerbietung noch einmal sehen und ein Gebet für ihn sprechen wollen", half sie daher Galfredus etwas auf die Sprünge, nicht ganz ohne Hintergedanken. „Er hat uns fürwahr einen angenehmen Aufenthalt in eurem Kloster beschert."

Galfredus kniff kurz die Lippen zusammen. Er schien seinen Fehler bemerkt zu haben.

„So folgt mir. Sein Leichnam liegt noch in der Vorhalle seiner Pfalz aufgebahrt, bevor wir ihn nach der Mittagshore feierlich im Münster zur letzten Ruhe geleiten."

Während Hildegard kurz darauf in gebührendem Abstand beim Totenlager Udalrichs stehen blieb, huschte Adelindis an ihr vorbei, um den Verstorbenen aus einer Mauernische heraus besser sehen zu können. Dabei stieß ihr Fuß gegen etwas Metallisches. Als sie vorsichtig nach unten schielte, entdeckte sie einen silbern schimmernden Becher, der nichts in diesem Raum und schon gleich gar nichts in dieser Nische zu suchen hatte. Außerdem passte er in seiner Schlichtheit keinesfalls zum Haushalt des Abtes.

Adelindis sah sich um, ob jemand sie beobachtete. Aber weder Hildegard noch die Mönche, die in den Raum gekommen waren, um von Udalrich Abschied zu nehmen, kümmerten sich um die junge Schwester.

Sie glitt an der Wand hinunter in die Hocke, hob den Becher auf und roch daran. Offenbar hatte er erst kürzlich Wein enthalten. Hatte der Medicus vielleicht versucht, dem Abt noch etwas davon einzuflößen? Aber wofür sollte das gut gewesen sein? Und weshalb lag der Becher jetzt hier in der Nische?

Adelindis wollte ihn unauffällig wieder auf den Boden stellen, als ihr bewusst wurde, dass sie außer dem Wein noch etwas anderes wahrgenommen hatte. Der Geruch hatte ihr schon einmal in die Nase gestochen, als sie die Kellerräume ihres Heimatstifts aufzuräumen half, wo es penetrant nach dem Urin von Mäusen stank.

„Mäuse-Urin?", flüsterte sie entsetzt und hielt sich sofort den Mund zu. Ihr Flüstern war – Gott sei Lob und Dank! – im Gebetsgemurmel der Mönche untergegangen, die um das Totenlager ihres Abtes standen.

Von einer seltsamen Ahnung getrieben und noch über den fragwürdigen Geruch rätselnd, versteckte Adelindis den Becher unter ihrem Gewand, stand langsam auf, drückte sich eng an der Wand entlang zur offen stehenden Tür und huschte so vorsichtig und leise sie konnte aus dem Raum.

„Wo warst du denn?", schnauzte Hildegard sie an, nachdem Adelindis vor der Eingangstür beinahe mit ihr zusammengeprallt wäre.

„Schschsch! Schwester, ich glaube nicht, dass Abt Udalrich an einem Fieberkrampf gestorben ist", flüsterte Adelindis und zog sie aufgeregt zur Seite.

„Wie kommst du denn darauf?", fuhr Hildegard sie erneut an. „Hast du deine Nase wieder in Dinge gesteckt, die dich nichts angehen?"

Das hatte sie, fürwahr. Aber anders, als Hildegard auch nur ahnen konnte.

„Weil nur Kinder einen Fieberkrampf bekommen können", antwortete Adelindis bestimmt. Als Hildegard erneut etwas einwenden wollte, winkte Adelindis energisch ab. „Sei leise, ich bitte dich, und hör mir lieber zu: Der Abt litt entweder an der Fallsucht, gegen die Kräutlein wie Beifuß und Johanniskraut gewachsen sind. Ich vermute aber, dass er wie Abt Ludwig …"

„Was redest du da für einen Unsinn?", unterbrach Hildegard sie entsetzt.

Adelindis schaute sich um. Es war jedoch niemand zu sehen und nur das Gemurmel der betenden Mönche zu vernehmen. Trotzdem gebot ihr eine innere Stimme, vorsichtig zu sein. Sie sagte ihr nur nicht so genau, warum. Aber Adelindis hatte immer schon auf diese Stimme gehört, und die hatte sich bislang nie geirrt.

„Was auch immer du glauben oder hören willst: Ich bin mir ganz sicher, dass Abt Udalrich vergiftet wurde." Dabei zog sie ihren Fund unter dem Überwurf hervor, um ihn der Älteren zu zeigen.

Entsetzt schob Hildegard Adelindis' Hand mitsamt dem Becher zurück unter deren Umhang. „Bist du nicht ganz richtig im Kopf? Was soll das? Bring den Becher sofort wieder dorthin zurück, wo du ihn gefunden hast!", befahl sie leise, aber bestimmt. „Nicht, dass noch jemand glaubt, wir würden stehlen."

Adelindis hob den Becher trotzig vor Hildegards Gesicht.

„Wonach riecht er?"

Die Schwester rümpfte angewidert die Nase.

„Nach Wein und den Hinterlassenschaften von Mäusen. Pfui! Wo um alles in der Welt hast du den gefunden?"

Anstelle einer Antwort zog Adelindis die sich heftig sträubende Schwester hinter sich her über den immer noch wie leer gefegten Innenhof des Klosters zu ihrer Unterkunft, weg von der Pfalz des Abtes und den betenden Mönchen. So lange sie nicht wusste, wer oder was hinter dem steckte, was sie vermutete, fühlte sie sich hier nicht mehr sicher.

In ihrer Kammer angekommen, stellte sie den Becher auf die Fensterbank.

„Der lag neben der Totenbahre des Abtes in einer Nische", begann sie. „Und es ist kein Mäuse-Urin", fuhr sie fort. „Es ist Schierling, liebe Schwester."

„Was sagst du da?" Hildegard war wenig erbaut von den Mutmaßungen ihrer Mitschwester. „Wir befinden uns hier in einem Kloster, sind umgeben …"

Adelindis unterbrach sie, indem sie ihre Hand auf den Mund der Älteren legte, die Hildegard unwirsch wieder wegstieß.

„Irgendetwas in diesem Kloster stimmt nicht", fuhr Adelindis unbeirrt fort. „Abgesehen davon, dass es sich in einem weitaus schlechteren Zustand befindet, als wir bislang geglaubt haben. Die Mönche scheinen mir außerdem nachlässig in ihren Aufgaben und dem Einhalten der Ordensregeln zu sein. Ich habe gesehen, dass nicht alle an den Stundengebeten teilnehmen, sondern lieber herumsitzen und dem Wein frönen. Ihre Gärten und Felder sind auch nicht so gut bestellt, wie es sein sollte." Sie biss sich nachdenklich auf die Unterlippe, während sie in der Kammer auf und ab ging. *Ora et labora.* Ha!" Dann schwieg sie erneut einen Augenblick. „Dabei hat Udalrichs Vorgänger unserer Kenntnis zufolge alles darangesetzt, dass die Ordnung im Kloster aufrechterhalten wird, wie es sich nach den Regeln des heiligen Benedikt gehört. Auch, dass sich die Zahl der im Kloster lebenden Mönche, ihre Einkünfte und ihr Besitz nicht weiter vermindert, wie es leider bei uns der Fall ist", fuhr sie nachdenklich fort. „Ludwig von Pfullendorf galt als strikter Gegner der Bemühungen einiger Ministerialen, die verbrieften Rechte auf die Besitztümer seines Klosters zu untergraben."

„Das weiß ich alles, du Neunmalklug! Aber was hat es mit deiner Vermutung zu tun, Abt Udalrich sei vergiftet worden?

Das meinst du doch mit dem Schierling, oder nicht?" Hildegard klang nach wie vor aufgebracht.

Mochte Adelindis auch ein kluges Köpfchen haben, manchmal waren ihre Gedankengänge einfach nur lästig und für Hildegard nicht immer nachvollziehbar. Außerdem hasste sie es, von einer Jüngeren belehrt zu werden.

„Udalrich hatte dazu eine gegensätzliche Meinung", antwortete Adelindis bestimmt. „Das hätte in der Folge bedeuten können, er lässt zu, dass gewisse Leute Hab und Gut des Klosters an sich reißen, um damit ihre eigenen Besitztümer zu vergrößern. Seine eigene Familie beispielsweise. Das würde die Macht und den Einfluss der Mönche deutlich einschränken. Dass solcherlei kein Hirngespinst ist, weißt du. Denn: Weshalb sind wir hier? Um mit der Urkunde unter deinem Überwurf eben dies für unser eigenes Stift zu verhindern." Adelindis hielt für einen Augenblick inne, ehe sie fortfuhr: „Diese Urkunde ist eine Fälschung."

Als Hildegard sie daraufhin wortlos anstarrte, sagte sie: „Ich bin mir sicher, dass Irmentraud die Urkunde heimlich in Auftrag gegeben hat, um unser Stift zu retten. Deshalb bin ich mir auch nicht mehr so sicher, ob der Brand in unserer Bibliothek nicht sogar gewollt war."

Der Gedanke dahinter war ungeheuerlich, er kam Adelindis jedoch nicht allzu abwegig vor. Wenn stimmte, was sie sich inzwischen zusammenreimte, könnte Irmentraud in ihrer Verzweiflung durchaus versucht haben, um jeden Preis zu verhindern, dass nachvollziehbar war, ob die für das Stift so wichtige Urkunde tatsächlich jemals existiert hatte.

Hildegard schnaubte empört durch die Nase.

„Das Dokument ist eine Fälschung", wiederholte Adelindis unbeirrt. „Das habe ich nicht nur an der Schrift erkannt, die nicht zu der passt, die ich von Schriftstücken aus jener Zeit kenne, in der es angeblich entstanden sein soll."

Hildegard nestelte mit zitternden Fingern den Knoten des Bandes auf, mit dem die Urkunde unter ihrem Umhang befestigt war. Sie faltete das Pergament auseinander und ging damit ans Fenster, um es genauer betrachten zu können.

„Ich weiß nicht ...", begann sie zögernd, wurde aber von Adelindis erneut unterbrochen.

„Der Fehler ist ... ", sie zeigte auf das Wort *extagia*. „Es müsste *ertagia* heißen und das Eritgau beschreiben, in dem unser Stift liegt, oder nicht? Du selbst hast mir Latein beigebracht und weißt, dass *extagia,* also Dach, im Zusammenhang mit dem Rest keinen Sinn ergibt." Sie wartete, ob Hildegard etwas darauf sagen würde. Aber die schaute schweigend aus dem Fenster. „Außerdem wundert mich, weshalb ein für uns so wertvolles Schriftstück sich ausgerechnet in diesem Kloster befinden sollte, während alle anderen Dokumente im Stift verbrannt sind, einschließlich des angeblichen Originals."

„Schweig still", unterbrach Hildegard ihren Redefluss energisch. Sie faltete das Pergament sorgfältig wieder zusammen. „Wir brauchen diese Urkunde", sagte sie leise, wandte sich zu Adelindis um und hielt sie an den Schultern fest. Dabei schaute sie ihr gerade in die Augen. „Sonst verlieren wir womöglich alles, was von unserem Stift noch übrig geblieben ist. Du weißt selbst, was das bedeuten würde. Ganz zu schweigen davon, dass unsere eigene Zukunft im Ungewissen läge: deine, meine und die der anderen Schwestern."

Also hatte Hildegard um die Fälschung gewusst.

Das war jedoch nur die eine Seite des Blattes ...

„Es hat nie ein Original gegeben", stellte Adelindis leise fest.

„Nein", stimmte Hildegard ihr eher unwirsch zu. Es passte ihr ganz und gar nicht, dass die junge Schwester hinter das Geheimnis gekommen war, das bislang nur sie und Irmentraud kannten. Sie hätten wissen müssen, dass das kluge Mädchen irgendwann dahinterkommen würde. „Aber jetzt sag mir: Weshalb sollte jemand Abt Udalrich vergiftet haben?", lenkte sie von dieser Seite des Problems ab und ließ die Schultern der Jüngeren wieder los. „Und weshalb hat Udalrich den Schierling deiner Meinung nach nicht gerochen?"

Adelindis legte nachdenklich einen Finger auf die Lippen. „Vielleicht hatte er keine so feine Nase wie wir beide. Außerdem halten es die Mönche hier nicht so genau mit der Körperpflege, wie man deutlich riechen kann." Sie hielt sich die Nase zu und grinste Hildegard breit an, als sie sah, dass diese sie verstanden hatte. „Aber vielmehr glaube ich an einen anderen Grund dafür: Er war betrunken."

Hildegard lachte laut auf.

„Noch vor dem Mittagsmahl?"

Adelindis schüttelte seufzend den Kopf.

„Ist dir nicht aufgefallen, dass außer den Mönchen auch der Abt dem Wein sehr gern und über die Maßen zugesprochen hat, egal zu welcher Tageszeit?", fragte sie beinahe wütend zurück. Nachdem Hildegard nur die Schultern hob, fuhr sie fort: „Ich könnte mir vorstellen, dass Udalrich von Zollern vergiftet wurde, weil er hinter dem gewaltsamen Tod seines Vorgängers steckt."

Das war zu viel für Hildegard.

„Ein Abt als Mörder seines Vorgängers? Ich muss schon sehr bitten!", brauste sie deshalb auf.

„Damals war er noch kein Abt", warf Adelindis ein. „Er lebte noch nicht einmal hier im Kloster." Sie tippte Hildegard auf die Brust. „Wir haben doch die Grablege von Abt Ludwig von Pfullendorf in der Laurentiuskapelle besucht und wissen, dass er vor sieben Monden eines gewaltsamen Todes gestorben ist", erinnerte Adelindis die Ältere, die sich erschöpft auf ihrem Bett niedergelassen hatte. „Zur Zeit des Eismondes, wie Galfredus sagte. Angeblich sollte er in Tuttlingen einen wichtigen Mann aus dem Gefolge Kaiser Lothar III. treffen. Während er auf den Besucher wartete und in vollem Ornat in der Kirche Sankt Martin eine Messe hielt, wurde er inmitten der Gläubigen niedergeschlagen, die am Gottesdienst teilnahmen. Er starb noch vor dem Altar an seinen schweren Verletzungen", fuhr Adelindis fort und setzte sich neben Hildegard auf die Kante deren Lagers. „Dieser wichtige Mann aus dem Gefolge des Kaisers ist vermutlich nie aufgetaucht, weil es ihn gar nicht gab, und die Begleiter Ludwigs schweigen bis zum heutigen Tag beharrlich darüber, wer hinter dem Mord steckt. Es gab keine weitere Untersuchung dazu, wie wir erfahren haben, was mich ziemlich stutzig gemacht hat."

„Was meinst du damit?"

„Was, wenn das eine üble Falle war und Ludwig von Männern erschlagen wurde, die verhindern wollten, dass er weiterhin Klöster mit Fälschungen unterstützt, wie wir eine in der Hand haben? Das würde alles erklären."

Hildegard schürzte schmollend die Lippen. Es war ihr anzusehen, dass sie sich mit solcherlei nicht beschäftigen wollte.

„Nein, das kannst du nicht meinen!", stellte sie nach einer kleinen Weile fest, da Adelindis nichts mehr sagte. „Udalrich ist doch kein Mörder!"

„Er vielleicht nicht", gab Adelindis zu. „Aber vielleicht ist er deshalb zum Abt dieses Klosters gewählt worden, weil er seinen adeligen Verwandten besser gepasst hat als sein Vorgänger! Dann wäre auch verständlich, wer mit ‚a maioribus monasterii hominibus' gemeint ist, ‚durch die Ältesten des Klosters', wie über den schrecklichen Tod Abt Ludwig von Pfullendorfs geschrieben steht: nämlich die Ministerialen, die ihn begleitet haben und denen daran gelegen haben könnte, dem Wirken des Abtes ein Ende zu bereiten. Ich kann mir gut vorstellen, dass sie im Auftrag der Familie Udalrichs gehandelt haben."

Hildegard schnappte nach Luft.

„Adelindis! Was hast du dir da nur ausgedacht? Woher willst du das alles wissen? Ich mag den Unsinn nicht mehr hören!"

„Ausgedacht? Ich habe mich ein wenig in der Bibliothek des Klosters umgesehen, während du dich von unserem weiten Fußweg ausgeruht hast." Adelindis stand auf und griff nach ihrem Bündel, das sie bereits fertig geschnürt bereitgelegt hatte. „Udalrich gehört zu den Männern, die dem Adel wohlgesonnen sind, das ist ein offenes Geheimnis. Es würde mich nicht wundern, wenn er schon längst damit begonnen hätte, das eine oder andere wertvolle Stück aus dem Kloster an seine Verwandten zu verschenken", mutmaßte sie und zeigte auf den Becher, den sie auf die Fensterbank gestellt hatte. „Den hier hat er womöglich übersehen. Er ist nur aus Silber und stammt sicherlich nicht aus seinem eigenen Haushalt."

„Pass auf, dass dich niemand hört", zischte Hildegard. „Wenn dem so ist, wie du sagst, solltest du deine Meinung besser für dich behalten."

Adelindis legte ein Ohr an die schwere Holztür ihrer Kammer.

„Ich verstehe nicht, weshalb Udalrich vergiftet worden sein soll!", wandte Hildegard kopfschüttelnd weiter ein. „Wenn er ein Freund des Adels und durch den abscheulichen Mord an seinem Vorgänger zum Abt dieses Klosters geworden ist, wie du vermutest: Weshalb sollte er zulassen, dass weiterhin Fälschungen wie die hier gemacht werden?" Sie tippte auf die Urkunde in ihrer Hand. „Das widerspricht doch deiner Vermutung!"

Adelindis legte seufzend einen Arm um die Schultern der Schwester.

„Irmentraud hat viel Geld an den Abt dafür bezahlt, nicht wahr? Das dürfte Grund genug für eine Fälschung gewesen sein. Weiß der Himmel, woher sie es hatte", sagte sie. Möglicherweise sind die wertvollen Schriften im Stift gar nicht verbrannt, sondern haben gegen einige Silberstücke den Besitzer gewechselt, ging ihr dabei durch den Kopf. Darüber wollte sie jetzt allerdings nicht weiter nachdenken. „Außerdem wäre es ein Leichtes gewesen, uns während der Überfahrt von den Mönchen aus dem

Kahn in den See werfen und mitsamt der Urkunde für immer verschwinden zu lassen. So lange Udalrich gelebt hat, könnten wir durchaus in Gefahr gewesen sein." Vielleicht sind wir das noch immer, dachte sie, wollte die Schwester jedoch nicht weiter beunruhigen.

„Weniger in Gefahr als er", stellte Hildegard seufzend fest. „Wir leben immerhin noch. Aber ich verstehe trotzdem nicht, wer ihn vergiftet haben soll, wenn alles so ist, wie du sagst."

„Diejenigen unter den Männern hier im Kloster, die mehr zu verlieren haben, als wir ohne diese Urkunde in deiner Hand zu verlieren haben, meine Liebe. Ich kann mir vorstellen, dass Ludwigs Mörder hingegen nicht unter ihnen sind." Sie zeigte zum Fenster, durch das man einen wunderbaren Blick auf den See hatte. „Die in seinem Fall genannten *maioribus monasterii hominibus* sind eher da draußen zu suchen." Auch Bruder Galfredus hätte einen guten Grund gehabt, den Mann aus dem Weg zu räumen, der seiner eigenen Wahl zum Abt im Weg gestanden hatte. Aber diesen Gedanken behielt Adelindis lieber für sich.

Hildegard starrte sie mit weit aufgerissenen Augen an.

„Solltest du recht haben mit deinen Vermutungen, wird es hier sehr schnell zu Unruhen kommen, die auch für uns gefährlich werden könnten. Ich denke, wir sollten uns schleunigst auf den Nachhauseweg machen."

„Wir brauchen aber jemanden, der uns übersetzt", sagte Adelindis, riss die Tür mit einem Ruck auf und spähte in den Gang hinaus. „Den Mönchen traue ich nicht mehr."

„Hat uns jemand belauscht?", wollte Hildegard entsetzt wissen. Ihre Stimme klang bei Weitem nicht mehr so fest wie noch kurz zuvor.

„Es ist niemand zu sehen, Gott sei Dank", antwortete Adelindis, schlug ein Kreuz über der Brust und winkte Hildegard zu. „Lass uns schnell verschwinden." Sie zeigte auf die Urkunde. „Versteck sie wieder unter deinem Umhang, und dann komm!"

Die beiden Schwestern huschten aus ihrer Kammer, die Treppe hinunter, blieben zunächst mit angehaltenem Atem neben der offenen Tür zum Innenhof stehen und spähten vorsichtig hinaus. Da nach wie vor niemand zu sehen war und nicht einmal jemand die Pforte bewachte, verließen sie eilig und unbesehen das Kloster.

„Und wer soll uns übersetzen?", fragte Hildegard, die mit der jüngeren Schwester kaum Schritt halten konnte, beinahe atemlos und zeigte zum See.

„Ich habe vom Fenster aus Fischer gesehen, die am Ufer ihre Netze flicken", antwortete Adelindis über die Schulter zurück. „Die freuen sich über ein kleines Zubrot."

Hildegard blieb mit einem Ruck stehen.

„Das Fenster!", rief sie entsetzt und schlug mehrere Kreuze nacheinander. „Jesus, Maria und alle Heiligen, zuhilf! Dort steht noch der Becher…"

Adelindis schüttelte den Kopf und klopfte vielsagend auf ihr Bündel. Hildegards Augen weiteten sich, sie schnappte hörbar nach Luft.

„Herr im Himmel, steh uns bei. Sie werden uns verfolgen, weil sie uns entweder für Diebinnen halten oder weil sie ahnen, dass wir herausgefunden haben, was hier geschehen ist. Oder beides. Was machen wir jetzt mit deinen ganzen Erkenntnissen?" Dann zeigte sie auf das Bündel, das sich Adelindis über die Schulter gehängt hatte, und stellte entschieden fest: „Wir müssen den Becher verschwinden lassen. Am besten, wir werfen ihn in den See."

„Ich weiß nicht, wer namentlich hinter den beiden Morden steckt, und kann auch nicht beweisen, dass meine Vermutungen richtig sind", antwortete Adelindis, ohne auf Hildegards Vorschlag einzugehen. „Deshalb werde ich auch nichts weiter unternehmen. Aber glaube mir, ich habe recht."

Hildegard nickte seufzend. Auch wenn ihr schwerfiel zu glauben, was Adelindis gesagt hatte – es klang alles plausibel.

„Es wird so sein, dass man ein Tuch des Schweigens über den gewaltsamen Tod der beiden Männer breiten wird", sagte Adelindis weiter, und es klang fast ein wenig traurig. „Es kann auch sein, man bringt diejenigen auf bewährte Weise zum Schweigen, die etwas darüber herausgefunden haben oder haben könnten."

Genau das ängstigte Hildegard gerade, denn darauf war sie inzwischen selbst gekommen. Sie blieb wie gelähmt stehen.

Adelindis ging ein paar Schritte zurück und zupfte die Schwester ungeduldig am Ärmel ihres Überwurfs, den diese eng um ihren Körper gezogen hatte. Ein frischer Wind wehte von den Bergen her und ließ sie frösteln.

„Jetzt komm endlich!", forderte Adelindis die Ältere energisch auf, da sie eine Bewegung vor den Mauern des Klosters ausgemacht zu haben glaubte. Als sie in Hildegards verängstigtes Gesicht sah, tätschelte sie ihr beruhigend den Arm. „Dummen Weibsbildern wie uns traut man solche ungeheuerlichen Rückschlüsse bestimmt nicht zu."

„Dummen Weibsbildern wie mir, meinst du wohl", korrigierte Hildegard sie und setzte sich schwerfällig wieder in Bewegung. „Dummen Weibsbildern wie mir! Dir hingegen traut man alles zu. Ich habe die Mönche über dich reden gehört und weiß, was sie von dir und deinem sogenannten Wissensdurst halten, den ich hingegen eher Neugier nennen würde." Sie seufzte noch einmal aus tiefster Seele. „Jetzt bin ich gespannt, was deinem klugen Köpfchen einfällt, damit jemand uns über den See rudert und unbeschadet ans Ufer bringt, nachdem du den Mönchen nicht traust."

Adelindis zeigte auf einen der Fischer, von denen sie zuvor gesprochen hatte, und der ihnen jetzt neugierig entgegensah.

„Da braucht es nicht viele Worte", sagte sie leise lachend. „Da reicht ein wenig silbern schimmerndes Metall."

Hildegard schüttelte den Kopf.

„Die silbernen Münzen aus meinem Beutel hat Abt Udalrich bekommen, wie du sehr richtig vermutet hast." Als sie Adelindis' hochgezogene Augenbrauen sah, fügte sie schnell noch an: „Nein! Denke nicht einmal daran. Wir werden den Becher unauffällig in den See fallen lassen, hast du mich verstanden? Für den Fischer habe ich noch ein paar Kupfermünzen übrig, die werden reichen."

„So sei es."

„Die Kupfermünzen wären unser Notgeld für unterwegs gewesen. Leider habe ich Bruder Anselm nicht mehr getroffen, um unseren Proviant abzuholen", stellte Hildegard bedauernd fest. „Wir werden so gut wie nichts zu essen haben, bis wir zu Hause sind. Wenn nicht ein paar barmherzige …"

„Der Herr wird uns begleiten und dafür sorgen, dass wir unterwegs nicht verhungern", beschwichtigte Adelindis sie. „Wusstest du übrigens, dass Bruder Anselm aus dem Hause Pfullendorf stammt wie Udalrichs Vorgänger? Er hat als Cellerar Zugang zu allen Lebensmitteln und Getränken", fuhr sie nachdenklich fort. „Er könnte durchaus …"

Hildegard winkte ergeben ab.

„Ich will nichts mehr von deinen Mutmaßungen hören und wünsche mir nur, dass wir heil zu Hause ankommen", jammerte sie, und tippte Adelindis nachdrücklich mit dem Zeigefinger auf die Schulter. „Wir werden kein Wort von all dem zu ganz gleich wem sagen, damit wir nicht unnötig in Verdacht geraten und dann womöglich der Rache dieser Männer anheimfallen, denen offenbar nichts heilig ist, hörst du?" Sie zeigte mit dem Daumen über die Schulter zurück zum Kloster, bekreuzigte sich danach mehrmals und begann, ein Gebet vor sich hin zu murmeln.

Adelindis klopfte ihr beinahe liebevoll auf den Rücken.

„Womit der erste Schritt dazu getan wäre, das Tuch des Schweigens über die Gründe hinter dem grausamen Tod zweier Äbte zu breiten, die wohl für immer vergessen sein sollen …"

„Amen."

Der gestohlene Schrein

von Iny Lorentz

Anno Domini 1228

ita machte ihre Kniebeuge vor dem Schrein und faltete die Hände. „Heiliger Sankt Georg, ich flehe dich an! Hilf Just und mir, auf dass Pater Emmerich sich gnädig zeigt und für uns bürgt, damit wir den Pachthof des alten Lenz erhalten", betete sie.

Neben ihr kniete Just und sah sie unsicher an. „Du meinst also wirklich, ich soll Pater Emmerich darum bitten?"

Gita liebte den jungen Mann, hätte ihm aber etwas mehr Entschlusskraft gewünscht. „Nur wenn wir Lenz' Pachthof erhalten, können wir heiraten", antwortete sie. „Sonst bleibst du für immer Fischer Gottfrieds Knecht und ich bleibe Magd auf Bauer Martins Hof."

„Ein paar der Pachtbauern wollen Lenz' Hof nach dessen Tod für einen ihrer nachgeborenen Söhne haben. Sie sind beim Cellerar hoch angesehen und der entscheidet! Nicht Pater Emmerich", wandte Just ein.

„Pater Emmerich kann sich aber für uns einsetzen. Immerhin hast du ihn im letzten Jahr aus dem See geholt, als sein Boot umgekippt ist!" Nun wurde Gita ein wenig scharf.

Just zuckte zusammen und nickte. „Also gut, ich frage den Pater!"

„Danke! Du wirst sehen, es wird alles gut." Gita hoffte es so sehr. Nur wenn das Kloster ihnen einen Hof verpachtete, würden Just und sie die Ehe eingehen können und nicht weiterhin als Magd und Knecht arbeiten müssen.

Just atmete noch einmal tief durch und setzte sich in Bewegung. Als Gita ihm nachsah, wünschte sie sich, selbst mit Pater

Emmerich sprechen zu können. Für eine Magd war so etwas jedoch undenkbar. Da hätte sie schon Witwe sein und für einen Sohn verhandeln müssen.

Sie blickte noch einmal zum Reliquienschrein hoch und flehte den heiligen Georg stumm an, Just und ihr beizustehen. Danach beugte sie wieder das Knie und verließ die Kirche in der Hoffnung, dass Pater Emmerich sich Just gegenüber für die Rettung seines Lebens dankbar erweisen und den Cellerar des Klosters dazu bringen würde, ihnen den Pachthof zu überlassen.

Als Gita ins Freie trat, sah sie vier Mönche behäbig auf die Kirche zukommen. Zwar kannte sie nicht alle Reichenauer Mönche, war aber sicher, dass diese nicht hier heimisch waren. Es handelte sich wohl um die Abordnung eines anderen Klosters, die gekommen war, um in den Unterlagen des Klosters nach alten Urkunden zu suchen, den hochwürdigsten Herrn Abt um einen Rat zu bitten oder um vor den hier verwahrten Reliquien zu beten.

Gita schenkte daher den Mönchen nur einen kurzen Blick und ging weiter zu ihrem Lieblingsplatz am Seeufer. Wie oft habe ich hier mit Just im Schatten der Büsche gesessen?, fragte sie sich. Hier hatten sie ihren Träumen freien Lauf gelassen und sich vorgestellt, wie es einmal sein würde, einen der Bauernhöfe des Klosters übernehmen zu können. Nun war die Gelegenheit da. Der alte Lenz war ohne Erben gestorben und so konnte sein Hof vom Kloster wieder frei vergeben werden.

Gitas Blick glitt über den See zum anderen Ufer. Dort war das Land hügeliger als auf der hiesigen Seite, und an den Hängen reifte stets guter Wein heran. Die meisten Rebgärten gehörten dem Kloster und wurden ebenso verpachtet wie das Ackerland und die Weiden. Die Weinbauern waren angesehener als jene, die Gemüse und Korn anpflanzten oder Vieh züchteten. Doch so hoch zu greifen, dass man ihnen einen Rebgarten verpachtete, wagte Gita sich nicht einmal vorzustellen. Dafür verstand sie zu wenig vom Weinbau und Just als Knecht eines Fischers rein gar nichts. Sie wusste allerdings, wie man Kohl und Rüben pflanzte und erntete und auch, wann das Weizenkorn in die Erde kommen musste, um im Jahr darauf zu reifen.

Auf Bauer Martins Hof gab es viel Arbeit, und sie hatte noch nie vor einer Aufgabe zurückgeschreckt. Mehr als jetzt konnte sie dort jedoch nicht werden. Vor allem aber durfte sie nicht heiraten, und wenn sie ledig ein Kind bekam, würde sie unweigerlich von der Insel verbannt werden. Mit etwas Glück kam sie dann als nachrangige Magd bei einem Bauern unter, der ihr Kind bereits als baldigen Hütebuben oder Gänsemädchen ansah.

Gita presste die Hände zusammen. Es musste einfach gelingen! Immerhin hatte Just Pater Emmerich vor dem Ertrinken bewahrt. Ein wenig Dankbarkeit, so glaubte sie, würde Just daher von dem Mönch einfordern können. Zudem war Pater Emmerich im Kloster nicht nur hoch angesehen, sondern auch ein Verwandter des Cellerars. Dieser würde es sich daher zweimal überlegen, dagegen zu sprechen, wenn Pater Emmerich ihm Just als neuen Pächter von Lenz' Hof empfahl.

Wie lange Gita gewartet hatte, wusste sie nicht. Irgendwann vernahm sie Stimmen und schaute auf. Sie hatte gehofft, Just und Pater Emmerich zu sehen, doch es waren nur wieder die vier fremden Mönche, denen sie vorhin bei der Kirche begegnet war.

„Reichenau trägt seinen Namen zu Recht. Es ist eine reiche Au!", sagte einer von diesen.

„Dem Kloster gehört nicht allein die gesamte Insel, sondern auch viel Land ringsum, darunter Weingärten, die auch unserem Kloster zur Ehre gereichen würden", antwortete einer der anderen Begleiter.

„Das kommt vom Segen des heiligen Georg!", warf der Dritte ein. „Solange die Reliquie des Drachentöters dort in dieser Kirche liegt, wird den frommen Mönchen von Reichenau alles gelingen, was sie anfassen!"

„Sie haben so viel und unser Kloster besitzt so wenig!", rief nun der Vierte im Bunde aus. „Doch will ein reicher Herr unserem Kloster einen Acker oder einen Weinberg schenken, auf dass wir für sein Seelenheil beten, so heißt es gleich, spende es den frommen Brüdern von Reichenau. Deren Fürbitte gilt vor Gott mehr als die unseres Klosters!"

„Es ist ein Kreuz!", rief der Hochrangigste von ihnen aus. „Solange wir keine wirksamere Reliquie in unserer Klosterkirche aufweisen können als ein Fußknöchelchen der heiligen Agatha, wird unser Kloster arm bleiben und wir müssen voller Neid zu den reichen Mönchen von Reichenau aufschauen."

„Wir bräuchten eine Reliquie im Range des Sankt-Georg-Schreins von Reichenau! Doch eine so wertvolle Reliquie ist teuer. Zudem muss man befürchten, betrogen zu werden und nur ein paar menschliche Gebeine ohne jede Wunderkraft zu erhalten." Der Mönch, der dies sagte, seufzte und blickte zur Sankt-Georgs-Kirche zurück.

„Es wäre so einfach! Der Schrein steht im Kirchenschiff. Man müsste ihn nur mitnehmen."

„Und würde sich damit den Zorn der Klostergemeinschaft auf Reichenau zuziehen", gab ein anderer zu bedenken.

„Nur wenn sie wüssten, dass wir den Sankt-Georgs-Schrein an uns genommen hätten", sagte einer mit erhobenem Finger.

Gita wusste nicht, was sie von dem Ganzen halten sollte. Eines schien ihr aber sicher: Diese Mönche durften nicht entdecken, dass sie ihr Gespräch mitbekommen hatte. Selbst wenn es nur Gerede war, konnten solche Bemerkungen ihnen den Zorn des Reichenauer Klosters einbringen. Da war es besser, sich hinter den Busch zu ducken und mucksmäuschenstill zu sein.

Unterdessen unterhielten sich die vier Mönche ungeniert weiter. „Was sollte uns der Sankt-Georgs-Schrein bringen, wenn wir ihn nicht ausstellen dürfen?", fragte einer.

„Der Segen des Heiligen wäre mit unserem Kloster, ob wir seinen Schrein nun im Kirchenschiff oder tief unten in der Krypta aufbewahren", antwortete jener, der den Vorschlag des Diebstahls gemacht hatte.

„Das ist schon richtig!", stimmte ein anderer ihm zu. „Wenn unser Kloster unter dem Segen des heiligen Georg aufblüht, können wir für seine Gebeine einen neuen Reliquienschrein anfertigen lassen. Er muss natürlich ebenso prunkvoll sein wie der hier auf Reichenau."

„Ich weiß nicht, ob das richtig wäre!", meldete einer der Mönche Bedenken an. „Es könnte den Heiligen erzürnen, wenn wir ihn so einfach entführen."

„Einen Heiligen kümmert es nicht, wo seine Reliquien sich befinden. Ihn kümmert nur, wie sehr sie dort verehrt werden, und wir würden den Drachentöter Sankt Georg gewiss mehr verehren, als die Reichenauer Mönche es tun!"

Gita merkte dem Sprecher an, wie er sich immer mehr mit dem Gedanken anfreundete, den Reliquienschrein an sich zu bringen. Das empörte sie. Gleichzeitig hatte sie Angst. Wenn diese fremden Mönche tatsächlich an Diebstahl dachten und sie hier entdeckten, durften sie sie als Mitwisserin nicht am Leben lassen. Oh Sankt Georg, beschütze mich!, flehte sie in Gedanken. Es wäre schrecklich, wenn Just die Zustimmung für die Pacht des Hofes erhielt und sie danach leblos hier im Wasser liegend vorfinden würde.

In ihrer Anspannung bewegte sie sich und verursachte ein Geräusch. Da die Mönche gerade schwiegen, hörten sie es und wurden aufmerksam.

„Was war das gerade?", fragte einer.

Gita hörte, wie einer auf den Busch zutrat, hinter dem sie steckte, und machte sich so klein wie möglich. Gleichzeitig ergriff sie einen kleinen Stein und warf ihn ins Wasser.

Der Mönch war an den Busch getreten und schaute darüber hinweg. Als er sah, wie das Wasser aufspritzte, lachte er. „Es sind nur die Fische, die nach Fliegen schnappen", meldete er seinen Mitbrüdern und kehrte dem Busch wieder den Rücken zu.

Während Gita aufzuatmen wagte, entfernten sich die Mönche. Sie hörte nur noch, dass die vier Reichenau noch heute mit dem Boot verlassen würden. Welche Pläne sie darüber hinaus schmiedeten, erfuhr sie nicht.

Es dauerte eine Weile, bis Gita sich wieder beruhigt hatte. Als sie vorsichtig über den Busch spähte, war von den vier Mönchen nichts mehr zu sehen. Dafür entdeckte sie Just. Er kam mit gesenktem Kopf auf sie zu und sie konnte ihm deutlich ansehen, dass er mit keiner guten Nachricht kam.

Gita stand auf und eilte ihm entgegen. „Was hat Pater Emmerich gesagt?", fragte sie in der Hoffnung, Just könnte vielleicht doch eine bessere Nachricht bringen als zunächst befürchtet.

Just starrte an ihr vorbei auf den See. „Er sagte, ich wäre ein Fischerknecht und wüsste daher nicht, wie ein Hof zu führen sei!"

„Aber du hast ihm doch gewiss gesagt, dass wir zwei heiraten wollen und ich gelernt habe, wie es auf einem Bauernhof zugeht?", fragte Gita drängend.

Just nickte. „Das habe ich wohl, doch Pater Emmerich meinte, du wärst nur eine Frau und besäßest daher nicht den Verstand, der dafür nötig wäre."

Für Gita war das wie ein Schlag, denn sie galt auf Reichenau als ebenso fleißiges wie findiges Mädchen, dem man jede Arbeit auftragen konnte. Selbst Pater Emmerich hatte ihr dies bereits einmal gesagt. Und jetzt erklärte er, sie hätte keinen Verstand.

Ich hätte selbst gehen und mit dem Pater reden sollen, schoss es ihr durch den Kopf. Doch wenn sie das getan hätte, hätte sie

Just als jemanden hingestellt, der sich lieber hinter Weiberröcken versteckte, anstatt selbst für sich einzustehen. Ob Pater Emmerich dann zugänglicher gewesen wäre, wagte sie nicht zu sagen.

Unterdessen wandte Just sich ihr zu und sah sie an. „Pater Emmerich sagte, es gäbe vielleicht eine Möglichkeit!"

„Ja, welche?", fragte Gita hoffnungsvoll.

„Fischer Gottfried ist bald sechzig und wird sein Gewerbe nicht mehr lange ausüben können. Pater Emmerich sagte, er würde sich dafür einsetzen, dass ich Gottfrieds Fischereirechte erhalte! Es wird vielleicht noch ein paar Jahre dauern, dann ..."

„Du hast etwas vergessen!", unterbrach Gita Just herb. „Fischer Gottfried hat zwar keinen Sohn, an den er seine Fischereirechte weitergeben könnte, aber eine Tochter, und er hat deutlich erklärt, dass derjenige, der diese Rechte erhalten will, zuvor seine Tochter zu heiraten hat. Im Kloster hat man sich damit einverstanden erklärt."

Just zuckte zusammen. Daran hatte er wirklich nicht gedacht. Er wollte sich jedoch nicht von Gita trennen und Erma heiraten, nur um seinem Knechtsdasein entrinnen zu können. Gita wusste zwar, was sie wollte, doch sie sprach mit ihm darüber und war seinem Ratschlag auch zugänglich. Bei der Tochter seines Meisters sah das ganz anders aus. Für Erma war er der Knecht und so behandelte sie ihn auch. Bei ihr hieß es bloß, mach das und mach jenes. Sie wusste weder um das Wort „Danke" noch kannte sie das Lob „Das hast du gut gemacht".

„Was machen wir jetzt?", fragte Just hilflos.

Gita hob unschlüssig die Hände. „Ich weiß es nicht! Bis jetzt dachte ich, Pater Emmerich würde sich für dich einsetzen. Aber ..." Sie brach ab, denn wie es aussah, wollte der Pater sich für Just einsetzen, aber nur auf die Art, dass dieser die Fischereirechte seines Meisters übernehmen konnte. Ob Just dafür dessen Tochter heiraten musste, kümmerte den Mönch wenig. Frauen waren der mindere Teil der Schöpfung, daher war es gleichgültig, welche

Braut ein Mann heimführte. Sie hatte ihm zu gehorchen, für ihn zu arbeiten und ihm Kinder zu gebären. Erledigte sie ihre Arbeit gut, hatte sie ihre Pflicht getan, wenn nicht, lehrte der Stock sie, sich mehr Mühe zu geben.

Unterdessen unternahmen Justs Gedanken eigene Wege. Er war Fischer und hatte Lenz' Hof nur deshalb ins Auge gefasst, weil dies die Möglichkeit schien, Gita zu heiraten und mit ihr zusammenleben zu können. Das wollte er immer noch. Und wenn es hier auf Reichenau nicht möglich wäre, so gab es jenseits des Sees auch Orte, und nicht jeder davon unterstand dem hiesigen Kloster.

„Wir könnten nach Konstanz gehen!", sagte er plötzlich.

„Wie meinst du das?", fragte Gita erstaunt.

„Ich habe doch im Frühjahr einen im See treibenden Kahn gefunden und an Land gebracht. In den letzten Wochen habe ich ihn ausgebessert und wir können ihn nehmen, um damit über den See zu fahren", sagte Just mit blitzenden Augen.

„Nach Konstanz? Aber was wollen wir dort?"

„Entweder können wir mit dem Kahn Überfahrten machen und damit Geld verdienen oder wir verkaufen ihn und arbeiten ein, zwei Jahre, bis wir genug gespart haben, um uns ein Häuschen zu kaufen. Sobald wir eines besitzen, können wir heiraten!", erklärte Just voller Tatendrang.

Nur langsam freundete Gita sich mit diesem Vorschlag an. Sie war hier auf Reichenau geboren worden und hing an der Insel und den Menschen, die hier wohnten. Doch auch sie begriff, dass sie den Schritt wagen musste, um ihre Zukunft so zu gestalten, wie ihr Herz es ihr riet.

„Und wie machen wir es?", fragte sie. „So einfach wird man uns nicht fortlassen! Immerhin stehen wir in festen Diensten."

„Wir brechen in einer Nacht auf, wenn alle anderen schlafen! Das, was wir mitnehmen wollen, bringen wir schon vorher zum Kahn. Ich muss nur noch ein paar Kleinigkeiten richten, dann fahren wir damit nach Konstanz. Ich habe nämlich Mast und Segel vorbereitet!"

Just erklärte Gita noch mehr, was sie aber nicht richtig verstand. Eines aber begriff sie: Ihr Geliebter war mit Herz und Seele ein Mann des Sees, sei es als Fischer oder als jemand, der Lasten an andere Ufer bringen wollte. Und doch war er bereit gewesen, auf das alles zu verzichten, um mit ihr zusammen Lenz' Hof zu bewirtschaften, weil sie es sich so gewünscht hatte.

Die Erkenntnis trieb ihr beinahe die Tränen in die Augen. Gleichzeitig begriff sie, dass auch sie auf seine Träume Rücksicht nehmen musste. Sollte es nicht anders gehen, würde sie eben die Frau eines Fischers oder Frachtschiffers werden. Mit leuchtenden Augen sah sie Just an.

„Ja, so machen wir es!", sagte sie und fasste nach seinen Händen. Die Mönche, die weniger als eine Stunde vorher davon gesprochen hatten, den Reliquienschrein des heiligen Georgs zu entwenden, waren vergessen.

In den nächsten Tagen durchlebte Gita tausend Ängste. Was war, wenn etwas schiefging? Just war Fischer Gottfrieds Knecht und durfte nicht einfach davonlaufen. Bekam sein Meister oder einer der verehrungswürdigen Mönche des Klosters Wind von seinem Vorhaben, würde man ihn einsperren und bestrafen. Bei ihr war es ebenso. Eine Magd durfte ihren Dienst nicht so einfach verlassen. Nach Recht und Gesetz war dies nur im Winter möglich. Außerdem konnte Fischer Gottfried jetzt im Sommer nicht auf seinen Knecht verzichten.

Ihnen blieb daher nur die heimliche Flucht mit dem Wissen, dass sie danach nicht mehr nach Reichenau zurückkehren durften. Dabei war das Leben im Schatten des Klosters weitaus besser als das der Bauern, der Ritter und Grafen, die im Umland der

Insel ebenfalls Land besaßen. Diese waren meist Leibeigene und an die Scholle gebunden, während sie hier zu gewissen Zeiten ihren Dienst aufsagen und woanders anfangen konnten. Nur ging das erst im Winter, und da war die Fahrt auf dem See zu gefährlich.

Es kostete Gita Kraft, ihre Gefühle vor anderen zu verbergen. Am liebsten hätte sie sich jeden Tag mit Just getroffen, um mit ihm zu sprechen. Just arbeitete jedoch in jeder freien Stunde, die er erübrigen konnte, an seinem Kahn. Dieser war ziemlich groß, hatte sich wahrscheinlich bei einem Wintersturm losgerissen und musste längere Zeit im See getrieben sein. Seiner Bauart nach stammte er Justs Worten zufolge aus dem östlichen Seeteil, aus Bregenz, Lindau oder Rorschach. Nun aber gehörte er ihm. Er hatte ihn aus dem See herausgeholt und wieder instand gesetzt.

Als sie sich wieder einmal trafen, wirkte Just fröhlich. „Nur noch ein paar Tage, dann können wir aufbrechen", raunte er Gita zu. „Das sollten wir aber auch tun, denn Pater Emmerich hat mit Fischer Gottfried gesprochen und ihm angeraten, seine Tochter Erma mit mir zu verheiraten. Wenn ich jetzt nicht bald fort bin, zwingen die mich noch, mit diesem Weibsdrachen vor den Traualtar zu treten!"

Justs Miene nach musste dies für ihn das Zweitschlimmste nach der Höllenstrafe sein.

„Wir sollten den Tag festsetzen, an dem wir Reichenau verlassen wollen!", schlug Gita vor.

Just nickte zustimmend. „Das sollten wir! Heute ist Dienstag. Morgen, spätestens Donnerstag, bin ich mit dem Kahn fertig. Was hältst du davon, wenn wir in der Nacht von Freitag auf Sonnabend aufbrechen?"

„Davon halte ich sehr viel!" Gita atmete auf und setzte sich ans Ufer. Während sie mit ihren Füßen im Wasser spielte, blickte sie über den See nach Osten. Dort lag Konstanz, die Stadt, die Just hoffen ließ, mit ihr zusammenleben zu können.

„Ja, davon halte ich sehr viel!", wiederholte sie und sah plötzlich etwas zwischen ihren nackten Zehen golden aufleuchten. Verwundert griff sie zu und hielt eine Münze in der Hand. Sie sah anders aus als die, die sie kannte, und das Bildnis zeigte einen Kopf mit einem Siegerkranz auf den Locken.

„Just, schau dir das an!", sagte sie und reichte ihrem Geliebten die Münze.

Dieser sah sie an und kniff die Augen zusammen. „Die kenne ich nicht. Es ist unzweifelhaft Gold, aber um zu erfahren, wer die Person darauf ist, müsste ich sie Pater Emmerich zeigen. Er kann die Aufschrift gewiss lesen!"

„Das will ich nicht!" Gita nahm Just die Münze wieder ab und steckte sie weg. „Ich werde sie behalten. Vielleicht können wir sie in Konstanz umtauschen. Pater Emmerich würde sie behalten und uns höchstens ein paar Pfennige dafür geben."

„Gib aber gut auf sie acht! Da die Münze aus Gold ist, ist sie gewiss etwas wert", bat Just und erklärte ihr sogleich, wie er sich Freitagnacht den Aufbruch vorstellte.

Endlich war es so weit. Gita hatte in den letzten zwei Tagen heimlich ihre Sachen zusammengepackt und das Bündel in der Scheune versteckt. Nun lag sie in dem Verschlag im Wohnhaus, den sie mit einer weiteren Magd teilte, und beschwor sich, bloß nicht einzuschlafen. Denn noch war es zu früh, um aus dem Haus zu schleichen. Die Bäuerin hatte einen leichten Schlaf und konnte möglicherweise den falschen Eindruck gewinnen, eine der Mägde wolle sich mit einem der Knechte treffen, die in der Kammer über dem Pferdestall schliefen. Ärger, Beschimpfungen, vielleicht sogar Schläge wären die Folge. Zudem würde sie wahrscheinlich hier eingesperrt werden und könnte nicht mit Just nach Konstanz fliehen.

Die Läden waren geschlossen, es war dunkel und Gita konnte nur schätzen, wie rasch oder langsam die Zeit verging.

Nach einer Weile hielt sie es nicht mehr aus. Sie stand vorsichtig auf, bereit zu sagen, sie müsse zum Abtritt, falls im Haus jemand wach werden würde. Hoffentlich war es dann nicht die Bäuerin. Die würde ihr bis zum Abtritt folgen, damit ja nichts Unmoralisches geschah. Man war hier immerhin auf einer Klosterinsel und es konnte einen Pächter leicht den Hof kosten, wenn darauf zu viel geschah, was dem hochwürdigsten Herrn Abt nicht gefiel.

Gita schaffte es, die Kammer trotz der Dunkelheit ohne Geräusch zu verlassen. Im Flur musste sie aufpassen, nicht gegen einen der dort stehenden Kästen zu stoßen. Sie tastete sich vorwärts, erreichte die Tür und zog den Riegel ganz langsam zurück. Tat man es zu schnell, gab es ein schrilles Geräusch. Auch das gelang ihr. Wenig später stand sie im Freien.

Der Hofhund kam aus seiner Hütte, bellte aber nicht, da er Gita kannte. Sie eilte zur Scheune, grub dort unter dem Heu ihr Bündel aus und lief in die Richtung, in der sie Justs Kahn wusste.

Etwa auf halbem Weg hörte sie Schritte und blieb wie erstarrt stehen. Leise Stimmen erklangen. Gita wich vom Weg ab und machte sich ganz klein, um nicht gesehen zu werden. Es waren vier Männer, die Kutten trugen, wie sie zu erkennen glaubte. Was machten Mönche in der Nacht ohne Licht auf Reichenau?, fragte sie sich.

Da erinnerte Gita sich an die fremden Mönche, die sie vor einigen Tagen belauscht hatte. Waren sie wirklich zurückgekommen, um den Reliquienschrein des heiligen Georgs zu stehlen? Ein Teil von ihr wollte zum Kloster laufen und Alarm schlagen.

Wenn ich das tue, können Just und ich nicht nach Konstanz fahren, sagte etwas in ihr. Pater Emmerich hatte ihr ihren größten Wunsch versagt. Sollte sie ihn dafür noch belohnen?

„Nein!" Sie erschrak, als sie die eigene Stimme vernahm, und blickte ängstlich hinter den fremden Mönchen her. Die waren zum Glück schon zu weit weg, als dass sie sie hätten hören können. Aufatmend setzte Gita daher ihren Weg fort und traf wenig später auf Just, der seinen Kahn bereits zur Abfahrt fertiggemacht hatte.

„Da bist du ja!", sagte er erleichtert, als hätte er Angst gehabt, sie könnte vielleicht doch zurückschrecken, die Heimat zu verlassen.

„Ja, da bin ich! Ich musste warten, bis im Haus alle eingeschlafen waren", antwortete Gita und wollte eben sagen, dass sie unterwegs fremde Mönche gesehen hätte. Ein plötzlich aufflammender Lichtschein im Süden, der rasch wieder erlosch, verhinderte es.

„Dort drüben gibt es Wetterleuchten! Nicht, dass das Gewitter bis zum See zieht", sagte sie stattdessen besorgt.

„Wir sollten uns beeilen, damit wir wegkommen", drängte Just und forderte ihr das Bündel ab.

Gita reichte es ihm und stieg in den Kahn. Dieser schwankte sofort und sie geriet in Gefahr zu fallen. Doch da hielt Just sie fest.

„Setz dich!", sagte er. „Du wirst mitrudern müssen. Mache es genauso wie ich!"

Gita nickte, setzte sich mit Justs Hilfe und ergriff den Holm des Riemens. Der Kahn war so breit, dass er nur an der Spitze und am Heck beidseitig gerudert werden konnte. Während Gita am Bug saß und ungeschickt die Riemen einsetzte, stieß Just den Kahn vom Ufer ab und ruderte ihn in den offenen See hinaus.

Noch war die Nacht still. Aber bald erklangen vom Süden her rumpelnde Geräusche und immer wieder erleuchteten ferne Blitze den Himmel. Gita hatte Angst, vertraute aber Just, dass dieser ihren Kahn sicher an sein Ziel bringen würde. Reichenau blieb als Schatten hinter ihnen zurück. Schließlich stellte Just den

Mast auf, brachte das Segel an und sagte zu Gita, dass sie mit dem Rudern aufhören könne.

„Jetzt treibt uns der Wind! Er darf nur nicht drehen. Sonst muss ich das Segel wieder einholen und die gesamte Strecke nach Konstanz rudern", setzte er hinzu.

Die Windrichtung blieb so, wie er es brauchte, und sie kamen gut voran. Dann aber fegte die erste Bö heran. Just spürte, wie das Boot zu kippen begann, und beugte sich sogleich in die andere Richtung über die Bordwand.

„Nach rechts, so wie ich!", wies er Gita an und sah erleichtert, wie sie gehorchte und sich der Kahn wieder aufrichtete.

„Ich muss das Segel verkleinern, damit uns nicht eine stärkere Bö umwirft", erklärte er und machte sich ans Werk.

Gita starrte unterdessen auf das Lichtspiel, das weiter im Süden in rascher Folge aufzuckte. Ihrer Meinung nach war das Gewitter nähergekommen. Der Wind pfiff nun vom Süden her scharf über den See und es wurde kälter. Auch war es nun so dunkel, dass sie die Ufer des Sees nicht mehr ausmachen konnte.

„Wir werden uns verirren!", sagte sie erschrocken.

Just sah sich um und fluchte leise. Die letzten Nächte waren wie gemalt für eine Flucht gewesen. Doch in dieser hatte sich alles gegen sie verschworen.

„Solange der Wind nicht dreht, können wir durch ihn bestimmen, in welche Richtung wir fahren müssen", sagte er, um Gita, aber auch sich selbst Mut zu machen. Danach zog er das Segel bis auf einen letzten Rest ein und hoffte, dass sie genug Fahrt machten, um gegen die leichte Strömung anzukommen, die hier herrschte. Wenn nicht, würden sie irgendwann in der Nacht oder am Morgen auf Reichenau angetrieben werden.

Während das junge Paar mit seinem Kahn aufbrach, hatten die vier fremden Mönche die Sankt-Georgs-Kirche erreicht. Jetzt in der Nacht war die Tür verschlossen. Es war jedoch einem von ihnen bei ihrem letzten Aufenthalt gelungen, einen Wachsabdruck des Schlüssels zu machen und in der heimischen Werkstatt einen Nachschlüssel anzufertigen. Nun öffnete dieser ihnen den Weg ins Innere. Dort aber mussten sie eine Laterne entzünden, um das Objekt ihrer Begierde zu finden.

Wenig später befand sich der Reliquienschrein in ihrem Besitz. Sie verließen die Kirche, sperrten von außen zu und eilten zu dem Versteck, in dem sie ihren Kahn zurückgelassen hatten.

„Wie ihr seht, ist alles gut gegangen", erklärte der Anstifter des Diebstahls zufrieden. Auf den kalten Luftzug, der aus dem Süden her wehte, und das ferne Wetterleuchten achtete keiner von ihnen.

Wenig später erreichten sie ihr Boot. Es war kleiner und schmaler als das von Just, und so konnten drei von ihnen rudern, während der Hochrangigste von ihnen steuerte. Das Wetterleuchten kam ihnen in dem Augenblick gerade recht, zeigte es ihnen doch, wo im Süden die Uferlinie des Sees lag.

Bald blieb Reichenau hinter ihnen zurück. Der Mönch an der Steuerpinne starrte immer wieder verzückt auf die goldenen Verzierungen des Reliquienschreins, die jedes Mal aufleuchteten, wenn Blitze über den Himmel zuckten. Für ihn war der Schrein das Symbol einer glänzenden Zukunft, die er für sein Kloster erhoffte. Vielleicht würde er dort sogar einmal Abt. Ihr jetziger war bereits alt und es hatte sich noch keiner als möglicher Nachfolger profiliert.

Da wurde das Boot von einer Bö getroffen und schaukelte wild. Die anderen Mönche hörten zu rudern auf und sahen sich erschrocken um.

„Wir fahren geradewegs in ein Gewitter hinein!", sagte einer.

„Das ist noch weit weg! Außerdem kann es uns nichts anhaben", antwortete ihr Anführer. „Der heilige Georg beschützt uns! Immerhin führen wir seine Reliquie mit uns."

Eine weitere Bö fuhr heran und der See schlug Wellen, die das Boot zum Schwanken brachten.

„Was ist, wenn Sankt Georg zornig ist, weil wir seinen Reliquienschrein geraubt haben?", fragte einer der Mönche ängstlich.

Zwei andere begannen zu beten. Da zuckte ganz nah ein greller Blitz auf und schlug ein Stück vor ihnen in den See. Keine drei Herzschläge später rollte der Donner über sie hinweg und nahm ihnen schier den Atem.

„Das war ein Zeichen des heiligen Georg! Er will, dass wir seine Reliquie nach Reichenau zurückbringen", kreischte der furchtsamste Mönch.

„Bruder Marcellus hat recht! Wir müssen nach Reichenau zurückkehren", stimmte ihm ein anderer Mönch zu.

„Was redet ihr denn für Blödsinn? Rudert lieber, damit wir weiterkommen!", fuhr ihr Anführer sie an.

„Wenn wir rudern, dann nur nach Reichenau zurück", rief einer und ruderte hastig mit nur einem Riemen, um das Boot zu wenden.

Ihr Anführer steuerte dagegen und schimpfte. „Was seid ihr nur für Narren! Hört mit dem Unsinn auf! Ihr kippt noch das Boot um!"

Er hatte es kaum gesagt, da wurde das Boot von einer weiteren Bö erfasst. Gleichzeitig schlugen noch höhere Wellen gegen die rechte Bordwand, und da zwei der Mönche in die falsche Richtung stürzten, wurde die Linke weit nach unten gedrückt und Wasser drang ein.

Einer der Mönche verlor die Nerven und richtete sich auf. Die Bordwand sank dadurch noch tiefer und das Wasser strömte in dickem Schwall ins Boot.

„Weg da! Auf die andere Seite", schrie ihr Anführer gegen das Donnerrollen an, das nun pausenlos über dem See erscholl.

Es war zu spät. Das Boot neigte sich weiter und der erste Mönch fiel über Bord. Das Wasser benässte bereits den Reliquienschrein und umschwappte ihn sogleich ganz. Dieser begann sich alsbald zu bewegen und wurde auf das freie Wasser hinausgetragen. Der Anführer streckte sich, um ihn noch festhalten, aber dadurch kippte das Boot ganz um und die drei Mönche stürzten ebenfalls ins Wasser. Ihre schweren Kutten sogen sich voll und ihre Leiber sanken in die Tiefe. Ihre letzten Gedanken waren, dass sie die Reliquie des heiligen Georg wohl besser an seinem Platz gelassen hätten. Denn schwimmen konnte keiner von ihnen.

Just hatte aufgegeben, weiter nach Konstanz fahren zu wollen, denn jetzt ging es um ihr Leben. Er hatte mit Gita die Plätze getauscht. Nun saß sie an der Steuerpinne, während er mit den Riemen darauf hinarbeitete, den Bug des Kahns gegen die Wellen und Böen zu richten, damit diese sie nicht umwerfen konnten. Wenn das pausenlose Donnerrollen es zuließ, rief er Gita zu, wie sie das Ruder halten sollte. Er spürte ihre Angst und verfluchte sich, weil er sie in eine so große Gefahr gebracht hatte.

„Oh heiliger Georg, hilf uns!", flehte er, während erneut eine hohe Welle gegen den Bug klatschte und ihn mit Wasser überschüttete.

„Lass das Steuer!", schrie er zu Gita hin. „Nimm irgendetwas, mit dem du das Wasser aus dem Kahn schöpfen kannst. Wenn es noch mehr wird, wird er sinken!"

Gita gehorchte. Doch in ihrer Angst fand sie den Eimer nicht, den Just mitgenommen hatte, um damit Wasser schöpfen zu können, und musste ihre aneinandergelegten Hände benutzen. Es war, als würde sie versuchen, einen brennenden Herd mit einem Wassertropfen zu löschen. So sehr sie auch arbeitete – das Wasser wurde immer mehr. Dadurch wurde das Boot schwerfälliger und

Just war kaum mehr in der Lage, es gegen die Wellen und den Wind zu drehen.

Die Zeit schien stehen zu bleiben und sich schier endlos zu dehnen. Beide waren völlig durchnässt, schwitzten aber von all der Mühe und erwarteten jeden Augenblick zu sinken. Obwohl Just schwimmen konnte, glaubte er nicht, sich selbst in dem aufgewühlten Wasser retten zu können, geschweige denn auch noch Gita.

„Oh Herrgott im Himmel! Hilf uns doch!", schrie er gegen den Donner an.

Nun setzte auch noch Regen ein. Es ist sinnlos, fuhr es ihm durch den Kopf. Sie waren verloren. Warum versuchen, das Unvermeidliche hinauszuzögern? Er kämpfte sich zu Gita hin und schloss sie in die Arme.

„Verzeih mir!", bat er unter Tränen.

„Ich habe dir nichts zu verzeihen", antwortete sie. „Wenn Gott gnädig ist, werden wir im Paradies ein Paar sein."

Die beiden saßen aneinandergeschmiegt da und hatten die Augen geschlossen. Erst allmählich begriffen sie, dass das Licht der Blitze nicht mehr so stechend durch ihre Lider drang und die Donner seltener und leiser klangen.

Irgendwann öffnete Just die Augen und sah, dass der See noch unruhig war, die Wellen aber an Wucht verloren hatten. Der Kahn schwankte nur noch leicht. Das eingedrungene Wasser benetzte zwar ihre Füße und Unterschenkel, brachte das Boot aber nicht mehr in Gefahr.

„Gita, es ist ein Wunder geschehen!", rief Just. „Wir leben noch! Nun aber sollten wir das Wasser aus dem Boot schöpfen!"

Da im Osten bereits der Himmel im ersten Morgenrot glühte, war es für ihn hell genug, um den alten Eimer wiederzufinden, den Gita in der Nacht nicht entdeckt hatte. Nun aber half er ihnen, das Wasser aus dem Kahn zu schaffen. Und auch Gita fand etwas, mit dem sie dem Wasser zu Leibe rücken konnte.

Beide waren so in ihr Tun vertieft, dass sie nicht auf ihre Umgebung achteten. Doch das leichte Geräusch, mit dem etwas gegen ihr Boot stieß, ließ sie aufmerksam werden.

Just sah hinaus und entdeckte den Reliquienschrein des heiligen Georg. Erschrocken schlug er das Kreuzzeichen. Dann aber fasste er zu und bat Gita, ihm zu helfen, den Schrein ins Boot zu heben.

Als dies geschehen war, starrte er seine Liebste verwirrt an. „Wie kann der Schrein in den See geraten sein? Und weshalb ist er geschwommen? Er ist doch ziemlich schwer!"

„Der heilige Georg hat dieses Wunder bewirkt", antwortete Gita leise und berichtete ihm von den Mönchen, die sie zuerst belauscht und später dabei beobachtet hatte, wie sie heimlich auf die Sankt-Georgs-Kirche zugegangen waren.

„Gewiss hatten sie den Reliquienschrein geraubt und wollten ihn über den See fortschaffen", sagte sie. „Der heilige Georg hat daraufhin einen Sturm gesandt, damit seine Reliquie auf Reichenau bleibe. Dazu hat der Heilige uns ausgewählt. Er will, dass wir nach Reichenau zurückkehren und ihn wieder dorthin bringen!"

„Aber wir wollen doch nach Konstanz!", wandte Just ein.

„Der heilige Georg will das nicht. Er hat uns aufgehalten, damit wir auf ihn warten sollen. Nun müssen wir nach Reichenau zurück!" Gita klang eindringlich, doch Just wiegte zweifelnd den Kopf.

„Wird man nicht eher uns verdächtigen, den Reliquienschrein gestohlen zu haben, um ihn irgendwo verkaufen zu können?"

Für einen Augenblick stutzte Gita, dann schüttelte sie den Kopf. „Das wird man gewiss nicht tun! Die Kirche wird doch jeden Abend versperrt und der Mönch, der das tut, muss darauf achten, dass die Reliquie des heiligen Georg noch an ihrem Platz ist. Daher konnten wir sie untertags nicht geraubt haben – und der Schlüssel der Kirchentür wird gut verwahrt! An den wären wir niemals herangekommen. Komm jetzt, sonst laden wir noch den Zorn des Heiligen auf unser Haupt! Vielleicht erhalten wir sogar eine Belohnung." Das Letzte setzte Gita hinzu, weil Just noch immer zweifelnd aussah.

„Wenn du meinst, dann tun wir es halt!", sagte er und blickte sich dabei um.

Zu seinem Erstaunen lag Reichenau näher, als er es erwartet hatte. Der Sturm hatte sie wieder auf die Insel zugetrieben. Von neuem Mut erfüllt, legte er die Riemen aus und wies Gita an, auf Reichenau zuzusteuern.

Als sie den Anlegesteg von Oberzell erreichten, eilten etliche Mönche auf sie zu – an ihrer Spitze Pater Emmerich.

„Seid ihr auf dem See gewesen? Habt ihr etwas gesehen? Das Reliquiar des heiligen Georgs ist verschwunden!" Dann erst schien er zu merken, dass die Sturmnacht nicht gerade die Zeit war, in der zwei Menschen den See befahren sollten.

„Wo seid ihr gewesen? Weshalb kommt ihr mit dem Boot zurück?"

Gita und Just sahen sich kurz an, dann fasste sich der junge Mann ein Herz. „Ich war bei Euch, hochwürdiger Vater, um Euch zu bitten, ein gutes Wort für Gita und mich einzulegen, damit wir den Hof des verstorbenen Bauern Lenz pachten können, da wir heiraten wollen. Da ihr mir diesen Wunsch abgeschlagen habt, sind Gita und ich in der Nacht aufgebrochen, um nach Konstanz zu fahren, um dort das Bürgerrecht zu erhalten."

„Und ihr glaubt, man hätte es euch so einfach gegeben?", fragte der Mönch schnaubend.

Gita schüttelte den Kopf. „Wir wissen, dass wir hart arbeiten und Geld sparen müssen, um das Bürgerrecht erwerben zu können. Eine Hoffnung, die sich erfüllen kann, ist jedoch immer noch besser, als keine mehr zu haben."

Pater Emmerich schnaubte erneut, sagte aber nichts. Dafür sprach Gita weiter.

„Als wir auf dem See waren, geschah auf einmal etwas ganz Seltsames! Wir sahen nicht weit von uns ein anderes Boot, das uns gleich von Reichenau kam. Vier Mönche saßen darin und ruderten. Wir hörten, wie sie sich brüsteten, den Reliquienschrein des heiligen Georgs aus Oberzell entführt zu haben. Plötzlich erklang eine Stimme aus dem Himmel, die besagte, dass St. Georgs Heimat Reichenau sei und er dort für immer bleiben wolle! Kaum waren diese Worte verklungen, hob der Sturm an. Eine hohe Welle traf das Boot der diebischen Mönche und spülte den Reliquienschrein ins Wasser. Dieser trieb bis zu unserem Boot und wir hörten eine Stimme, die uns befahl, ihn an uns zu nehmen und nach Reichenau zurückzubringen."

Während Pater Emmerich und die anderen Mönche von dem Gehörten sichtlich beeindruckt wirkten, sah Just seine Geliebte staunend an. Doch auch er begriff, dass es nicht gut wäre zu berichten, dass Gita die fremden Mönche zwar belauscht, die frommen Brüder von Reichenau jedoch nicht gewarnt hatte.

Unterdessen eilte einer der jüngeren Mönche, so schnell er konnte, zum Kloster, um dem Abt zu berichten, dass die heilige Reliquie wieder zurückgewonnen war. Daher kamen Gita und Just zu der Ehre, von Abt Heinrich in Audienz empfangen zu werden. Der Abt ließ sich die Geschichte ihrer Flucht und der Auffindung des Reliquienschreins ausführlich erzählen. Gita blieb bei dem, was sie bereits Pater Emmerich berichtet hatte, und Just bestätigte es. Zwar hätte er es gerne etwas mehr ausgeschmückt, doch Gita hatte ihm unterwegs erklärt, dass sie sich so knapp wie möglich halten sollten.

Abt Heinrich war ebenso beeindruckt wie Pater Emmerich und die anderen Mönche.

„Der heilige Georg hat gesprochen! Seine Heimat ist Reichenau. Von nun an wird sein Reliquienschrein nicht mehr im Kirchenschiff aufbewahrt, sondern in der Krypta, um einen weiteren Raub zu verhindern. Er wird an seinem Namenstag dorthin gebracht und mit Messe und Hochamt gefeiert werden." Der Abt schwieg danach kurz und sah dann Gita und Just an.

„Der heilige Georg hat euch auserwählt, seine Reliquie wieder nach Reichenau zu bringen. Wir sind euch dadurch zu Dank verpflichtet. Schreibe!", forderte er einen Mönch auf, der an einem Schreibpult stand. „Heute, am Tage des heiligen Meinrad im Jahre des Herrn 1228 gestatte ich, Abt Heinrich von Reichenau, dem Fischerknecht Just, die Ehe mit der Bauernmagd Gita einzugehen. Just erhält das Fischereirecht in den Gewässern der Insel sowie ein Stück Land, das Gita bewirtschaften soll!"

Gita wollte es zuerst nicht glauben. Sie sah Just an, dann den Abt und dann wieder Just.

„Erinnerst du dich, wie wir vor zwei Wochen vor dem Reliquienschrein des Heiligen gebetet und ihn angefleht haben, uns zu helfen?"

Just nickte. „Ja, ich erinnere mich!"

„Sankt Georg hat geholfen!"

Der Konstanzer Fischerkrieg

von Carmen Mayer

Anno Domini 1366

lsbeth stemmte empört die Fäuste in die Hüfte. „Wie lange lassen wir uns das noch gefallen?", schrie sie gegen den Tumult an, der um ihre armselige Hütte herum entstanden war. „Ihr wisst alle, wie schwer es in diesen Zeiten ist, unsere Familien zu ernähren, nicht nur für uns Fischer", fuhr sie fort, nachdem etwas Ruhe eingekehrt war und sie die Aufmerksamkeit der Leute wieder bei sich wusste. „Die da oben", sie zeigte nacheinander in die Richtung, in der sie hinter den Dächern der kleinen Fischerhäuser von Petershausen die Stiftskirche und die Residenz des Konstanzer Bischofs wussten. „Die da oben glauben, sie können mit uns machen, was sie wollen. Sie leben wie die Maden im Speck. Sie fressen und saufen, was und in welchem Maße auch immer sie wollen. Sie schmücken sich mit edlen Stoffen, Gold und Edelsteinen und scheren sich dabei den Teufel um diejenigen, die ihnen das mit ihrer Hände Arbeit erst ermöglichen."

Ihre Stimme überschlug sich fast. Dann streckte sie den Zeigefinger anklagend in die Luft. „Ihr wisst, wer hinter dem heimtückischen Überfall auf meinen Mattheus steckt! Es sind dieselben *edlen* Herren, die unseren ehemaligen Bischof auf dem Gewissen haben. Denn der Peiniger meines Mattheus ist derselbe Mann, der auf ihre Weisung hin Johann Windlock erschlagen hat."

Sie wartete, bis sich der neu entstandene Tumult um sie herum gelegt hatte. „Geblendet hat er meinen Mattheus, ihm die Augen ausgestochen und ihn vor den Rat der Stadt Konstanz geschleppt wie einen gemeinen Dieb und Mörder! Dabei ist er selbst einer – ihr wisst, wen ich meine!"

Sie hielt einen Augenblick inne, zog laut den Rotz in ihrer Nase hoch und spuckte vor sich auf den Boden. „Der Rat aber hat meinen Mattheus ohne weitere Anhörung nach Hause geschickt, damit er sich auskurieren könne. Sie gaben vor, sich seiner Sache ein andermal annehmen zu wollen, falls er die Tortur überleben sollte. Die sind auf unserer Seite, können aber nichts gegen die gar so hochgeistlichen Herren ausrichten."

Sie bedeckte ihr Gesicht mit beiden Händen, und die Frauen, die in ihrer Nähe standen, wischten sich mit den Zipfeln ihrer Schürzen die Augen. Als Elsbeth sich wieder gefangen hatte, hob sie erneut anklagend den Finger.

„Was wird jetzt aus uns?"

Nachdem sich der erneut aufbrausende Pöbel wieder einigermaßen beruhigt hatte, fuhr sie fort: „Die da oben, die wollten keinen Bischof aus unseren Reihen. Einen Mann, der Ordnung in das verkommene Rattennest der Konstanzer Diözese bringen würde und der auf unserer Seite steht! Doch die feigen Ratten in ihren noblen Nestern wollten sich nicht mit seinem Blut beflecken und ließen die Drecksarbeit von einem gedungenen Mörder ausführen. Demselben Mann, der jetzt meinen Mattheus geblendet hat", fuhr sie etwas leiser werdend fort. „Ihr alle wisst, wen ich meine und wer dahintersteckt!"

Namen wurden gerufen, Schmähungen und wütende Beleidigungen vor allem gegen kirchliche Würdenträger ausgestoßen. Der Zorn der Bürgerinnen und Bürger der Stadt Konstanz war kurz davor, sich unheilvoll zu entladen.

Natürlich wussten alle von dem Vorfall, an den Elsbeth sie erinnerte. Er hatte sich ein paar Jahre zuvor ereignet und ihre Gemüter schon einmal erhitzt: Johann Windlock, ein angesehener Bürgerlicher mit von den Konstanzern freudig begrüßten Reformgedanken, war nach einigen Irrungen und Wirrungen und mit Unterstützung Herzog Albrecht II. von Österreich, Kanoniker und Landesherr des Konstanzer Bistums, zum Bischof gewählt worden. Domprobst Diethelm von Steinegg und die adeligen Reichenauer Mönche unter Abt Eberhard von Brandis standen ihm von Anfang an missgünstig gegenüber. Denn um gegen die ruinösen Zustände in der Diözese anzukämpfen, schreckte der neue Bischof selbst vor Strafen und Interdikten gegen hohe geistliche Würdenträger nicht zurück. So besaß Johann Windlock gleich zu Beginn seiner Amtszeit die Unverfrorenheit, unter Androhung von Konsequenzen von seinem Domprobst genaue Aufstellungen über dessen Ausgaben und Einnahmen zu fordern, und ordnete für ihn das Tragen eines klerikalen Gewandes anstelle der hochnoblen Kleider an. Allerdings war Johann selbst Domprobst gewesen, bevor er zum Bischof ernannt wurde, und wusste daher sehr genau, was und weshalb er dies forderte.

Was gut gemeint und von Herzog Albrecht II. ausdrücklich befürwortet wurde, konnte jedoch nicht im Sinne von Adel und Klerus sein, die sich in ihrem wenig maßvollen Tun gar schmerzlich eingeschränkt fühlten.

Wenngleich Abt Eberhard von Brandis ihm auch hin und wieder bei der Messe als Diakon diente, schwelten im Untergrund bereits seit Längerem Widerstand und Rachegedanken gegen den Bischof. Johann Windlocks Leben endete denn auch am 21. Januar 1356 gewaltsam unter den Händen seiner gedungenen Mörder, die, wie Elsbeth das um sie versammelte Volk jetzt erinnerte, in die Bischofspfalz eingedrungen waren und ihn zu Tode prügelten, als er ahnungslos sein Nachtmahl einnehmen wollte.

Dass die Mörder anschließend zu Abt Eberhard auf die Reichenau flüchteten und schließlich von Bischof Johanns Nachfolger – Heinrich von Brandis, dem Bruder des Abtes – begnadigt wurden, war kein Geheimnis. Dessen nicht genug, setzte Heinrich auch noch seinen Neffen Mangold, Freiherr von Brandis, als Cellerar des Klosters Reichenau ein. Und eben dieser Mann wurde dem Fischer Mattheus von Petershausen zum Verhängnis.

Mattheus war bekannt dafür, dass er immer wieder mit dem Cellerar aneinandergeriet, der ihm vorwarf, die Fischereirechte zu verletzen. Bereits mehrmals hatte Mattheus deshalb vor dem Rat gefordert, dass die Grenzen des Reichenauer Fischwassers überprüft werden sollten. Seiner Meinung nach wurden diese seitens der Reichenauer je nach Belieben ausgedehnt oder gar neu ausgelegt. Und das unter dem Schutz und der Zustimmung Abt Eberhards, der dafür bekannt war, vergeblich die hohe Verschuldung des Klosters auf jede nur denkbare Weise in den Griff zu bekommen – selbst auf unrechtmäßigem Wege – und eben auch auf Kosten der Fischer.

Ob Mattheus' Anschuldigungen stimmten oder nicht, wäre durchaus zu ermitteln gewesen, doch die geistlichen Herren wehrten sich vehement gegen eine Überprüfung, die vielleicht zugunsten des Fischers ausgegangen wäre, und verbaten sich jegliche Einmischung und Unterstellung in die vorgebrachte Angelegenheit. Womit sie sich jedoch keine Freunde unter den Stadträten machten, die um die mehr oder weniger undurchsichtigen Verbindungen und Hintergründe sehr wohl wussten.

Ungeachtet dessen gab es weiterhin offenen Streit zwischen Mattheus und Bruder Mangold. Seinerseits zuletzt sogar unter Androhung von Strafen, sollte der streitbare Fischer keine Ruhe geben.

Letztlich – und deshalb stand jetzt auch Mattheus' Weib Elsbeth vor ihrer Hütte und richtete wütend ihr Wort an die Konstanzer Bürger – wurde der Fischer von Heinrich Goldast heimtückisch überfallen und brutal geblendet. Jetzt, so hatte sein Peiniger gespottet, ehe er ihn nach Hause schickte, jetzt könne er mit Fug und Recht behaupten, dass er die Grenzen des reichenauischen Fischwassers nicht sehen kann.

Er konnte nicht ahnen, was er damit auslösen würde ...

„Wir alle wissen, wer in Wahrheit hinter dieser abscheulichen Tat steckt", wandte Elsbeth sich erneut an die immer größer werdende Menschenmenge um sie herum, die ihr weiter gebannt zuhörte. „Ich fordere euch auf, etwas gegen diese Sippschaft zu unternehmen, die sich keinen Deut um uns schert und sogar jeden aus dem Weg räumt, der ihr in die Quere kommt. Mein Mann liegt mit ausgestochenen Augen auf seinem Lager, und niemand weiß, was aus uns wird und werden soll."

„Heinrich Goldast", ließ sich jetzt die Stimme von Traudl vernehmen, der Tochter des geblendeten Fischers. Sie stellte sich neben ihre Mutter, die inzwischen tränenerstickt auf die Knie gesunken war. „Heinrich Goldast gehört zu den vor fast zehn Jahren von Bischof Brandis begnadigten Meuchelmördern unseres geliebten, aber bei den gar so edlen Herren in Missfallen geratenen Bischof Johann Windlock!", brachte sie die Sache unter Beifall ihrer Zuhörerinnen und Zuhörer auf den Punkt. „Was wir nicht sicher wissen, ist, ob der jetzige Bischof den Mord an seinem Vorgänger nicht gar in Auftrag gegeben hat! Aber wir alle wissen, dass Mangold von Brandis, der Cellerar von Reichenau, Neffe des Abtes von Reichenau und des Bischofs von Konstanz, in ständigem Streit mit meinem Vater um die Fischereirechte lag und durchaus auch hinter dem Überfall …"

Weiter kam sie nicht. Die Protestrufe um die beiden Frauen herum wurden so laut, dass Traudl ihr eigenes Wort kaum noch verstehen konnte. Ihre Mutter mischte sich ein, die sich wieder erhoben hatte. Ihre schrille Stimme übertönte schließlich das wütende Geschrei.

„Dass mein Mann die Grenzen des Reichenauer Fischwassers nicht kennen und überschritten haben soll, wie man ihm vorwirft, ist erstunken und erlogen! Der weiß wie ihr ganz genau, wo er fischen darf, der kennt den See wie sein Hemd, ist hier aufgewachsen und schon als kleiner Junge mit seinem Vater und seinem Oheim auf dem Boot da draußen gewesen! Wir sind eine alte Fischerfamilie und haben uns noch nie etwas zuschulden kommen lassen!"

Sie schnappte kurz nach Luft, bevor sie fortfuhr: „Mattheus war dem Herrn Cellerar schon immer ein Dorn im Auge, weil er ihm nicht nach dem Mund redete, dem feinen Herrn und seinem Onkel auf der Reichenau gar unterstellte, sich unrechtmäßig mit dem Fischfang zu bereichern! Es brauchte wohl kaum großer Mühe, Heinrich Goldast zu einer weiteren Untat zu bewegen", rief sie weiter über die Stimmen der inzwischen immer zahlreicher werdenden Konstanzer hinweg. „Der wird die Rechnung für seine damalige Begnadigung mit der Blendung meines Mannes beglichen haben. Das war die Rache der Brandis an Mattheus dafür, dass er ihnen immer wieder Unregelmäßigkeiten bei den Grenzen des reichenauischen Fischwassers nachweisen wollte."

Sie wartete kurz, bis sich die Unruhe wieder gelegt hatte, bevor sie mit fester Stimme aussprach, was die ganze Zeit über bereits in ihr gebrodelt hatte: „Wir haben nichts mehr zu verlieren. Mattheus wird nie wieder Fische fangen und damit seine Familie ernähren können, und niemand weiß, ob er sich jemals von den Verletzungen erholen wird, die ihm von seinem Peiniger zugefügt wurden." Sie hob ihre geballte Faust in die Höhe. „Ich will Vergeltung für das, was diese Männer uns angetan haben! Nicht erst seit heute und nicht nur uns, sondern euch allen! Auch im Namen unseres verehrten ehemaligen Bischofs Johann Windlock will ich Vergeltung!"

Jetzt war es ausgesprochen, ausgeschrien, ausgespuckt.

Jetzt war es nicht mehr aufzuhalten.

Heiser geworden fügte sie noch an: „Was auch immer danach mit uns geschehen möge … Wie steht es schon in der Bibel? Auge um Auge …"

Der Rest ging im immer lauter werdenden Geschrei des Pöbels unter, das an die Ohren der beiden Frauen brandete. Wie von unsichtbarer Hand geleitet drängte die Menge plötzlich auf sie zu, an ihnen vorbei, riss die beiden mit und machte sich auf den Weg zum Sitz des Rates von Konstanz.

Es brauchte keiner besonderen Aufforderung: Die Ratsmitglieder hatten bereits Wind vom Aufstand der Konstanzer bekommen, hatten zu den Waffen gerufen und schlossen sich dem Aufruhr an, der bereits sämtliche Gassen der Stadt ergriffen zu haben schien. Ein kaum enden wollender Zug von wütenden Männern und Frauen zog Richtung Reichenau, vorneweg Elsbeth mit ihrer Tochter.

Ziel war zunächst die Burg Schopflen, die zum Schutz des Inselzugangs von Konstanz her errichtet worden und seither Sitz des jeweiligen Abtes von Reichenau war. Der niedrige Wasserstand des Bodensees begünstigte einem Teil des Mobs den Zutritt über den Seerücken zwischen der Insel und Konstanz, die anderen Konstanzer kamen mit eilig losgemachten Booten, um sich denjenigen anzuschließen, die letztlich die Burg belagerten und in einem Maße brandschatzten, dass Flammen und Rauch tagelang ihre Dächer und Mauern umschlossen.

Von der einst so stolzen Burg blieben nur die dicken Außenmauern mit ihren Schießscharten übrig, die ihren Zweck gegen das aufgebrachte Volk nicht erfüllen konnten. Auch der Hof des Cellerars wurde angegriffen: War Mangold von Brandis doch ihrer Meinung nach der Auslöser für die ganze Tragödie.

Elsbeth und ihre Tochter Traudl hatten sich nach dem ersten Ansturm auf Burg Schopflen zunächst aus den Augen verloren. Als die streitbare Fischersfrau sie wiedersah, hockte Traudl am Seeufer und schien gedankenverloren mit etwas beschäftigt, das sie in den Falten ihrer zerschlissenen Schürze verborgen gehalten hatte. Traudl fuhr sichtlich zusammen, als sich plötzlich die Stimme ihrer Mutter hinter ihr vernehmen ließ.

„Bevor du hier herumsitzt und auf das Wasser starrst, könntest du auch nach Hause gehen und dich um deinen Vater kümmern!"

Traudl ließ den Kopf hängen.

„Wir wissen doch genau, dass dieser Brut nichts geschehen wird", sagte sie leise und ohne auf ihre Mutter einzugehen. „Sie morden und schänden, aber niemand belangt sie deshalb, niemand sühnt ihre Verbrechen. Wir brennen ihre Höfe nieder, aber sie lassen sie wieder aufbauen und rächen sich derweil an denen, die sie niedergebrannt haben. Solange Heinrich von Brandis Bischof von Konstanz bleibt und die anderen beiden noblen Herren Abt und Cellerar auf Reichenau, wird sich nichts in dieser Diözese ändern, und alles war umsonst." Sie hob seufzend die Schultern, als ihre Mutter sich neben sie ins Gras setzte. „Am Ende werden wir die Verlierer sein, wirst schon sehen, Mutter."

Elsbeth hob prüfend die Nase.

„Der Wind hat sich gedreht, der Rauch zieht gen Konstanz. Gut, dass der See dazwischenliegt und der Stadt nichts geschehen kann", sagte sie und schloss kurz die Augen. „Verlierer hin oder her: Wir haben recht daran getan zu zeigen, dass wir uns nicht alles gefallen lassen", sagte sie dann bestimmt und tätschelte das Knie ihrer Tochter. „Es kann nicht sein, dass dieses Natterngezücht deinen Vater blenden lässt, nur weil er sich gegen ihre Mutwilligkeiten und Lügen wehrt!"

Traudl streckte ihr die rechte Faust entgegen.

„Wir müssen von Konstanz weg", sagte sie.

Elsbeth legte ihre schwielige Hand um die geschlossene Faust ihrer Tochter. „Dein Vater wird als Bettler enden", sagte sie traurig und wischte sich mit der rußschwarzen anderen Hand ein paar Tränen aus dem Gesicht. „Und was aus uns beiden wird …" Sie zuckte die Schultern. „Vielleicht, wenn meine Buben am Leben geblieben wären …" Erneut rannen Tränen über ihr von Ruß geschwärztes Gesicht. „Gott sei den armen Kindern gnädig, die nicht über ihren ersten Schrei hinausgekommen sind."

„Aber ich bin am Leben geblieben, Mutter, ich will auch weiterhin am Leben bleiben und habe deshalb beschlossen: Wir ziehen von hier weg und gehen nach Graben", hörte sie ihre Tochter neben sich sagen und schaute überrascht auf.

„Was sollen wir denn in Graben, und wo ist das überhaupt?"

Traudl öffnete ihre schmutzige Faust. Erschrocken schlug Elsbeth ihre Hand vor den Mund.

„Woher hast du diesen Ring?"

„Den habe ich unter dem wahrhaft prunkvollen Bett in Mangolds Schlafgemach gefunden …", antwortete Traudl.

„Was hast du in …"

„… bevor es in Flammen aufging", unterbrach Traudl sie und ließ ein leises Lachen hören. „Kannst du mir sagen, wozu der Cellerar von Reichenau ein Bett braucht, das so groß ist wie unsere Hütte und in dem gut und gerne fünf Leute bequem schlafen könnten?" Sie warf ihrer Mutter einen schnellen Blick zu, die inzwischen den mit einem Rubin besetzten Ring prüfend zwischen Daumen und Zeigefinger hin- und herdrehte. „Er hat ein gutes Dutzend Ringe und Ketten in einer Schatulle neben dem Bett aufbewahrt", fuhr sie fort und überließ die Mutter ihrem Staunen über das Funkeln des kunstvoll geschliffenen Steins. „Leider war er schneller als ich, hat alles zusammengerafft und ist damit verschwunden."

Elsbeth wedelte mit der freien Hand den Rauch vor ihrem Gesicht weg und erhob sich.

„Wir müssen hier sofort weg", befahl sie. „Der Rauch wird immer dicker."

Traudl erhob sich und streckte die Hand nach dem Ring aus, den Elsbeth jedoch hinter ihrem Rücken verschwinden ließ.

„Wer hat was zusammengerafft und ist verschwunden?", wollte sie wissen. „Und was soll das mit Graben?"

Während die beiden Frauen hustend vor dem Rauch flüchteten, der vom Kloster heraufzog, kamen immer mehr Leute zum See, um nach Konstanz zu flüchten. Ihnen schlossen sich die beiden Frauen an.

Erst als sie wieder in ihrer armseligen Hütte in Petershausen angekommen waren, wo sie Mattheus schlafend auf seinem Lager fanden, kam Elsbeth noch einmal auf den kostbaren Ring zu sprechen, den sie die ganze Zeit über in der Faust behalten hatte.

„Mangold", beantwortete Traudl die erneute Frage nach dessen Herkunft. „Der Ring gehörte Mangold von Brandis." Sie griff in ihre Schürzentasche und zog daraus zwei weitere Ringe hervor: Der eine war mit einem Smaragd, der andere wie der erste mit einem Rubin besetzt. „Der Cellerar kam hinter mir in sein Schlafgemach, als ich mit einem Büschel Stroh sein Bett in Brand setzen wollte. Ich hatte Angst, dass er mich ergreifen und mir etwas antun würde, und hielt ihm das brennende Büschel entgegen", begann sie zu erzählen. „Aber er hat mich keines Blickes gewürdigt, ist wie ein Irrer zu seinem Schmuckkasten gestürzt, den er in der Eile allerdings vom Nachtkasten gestoßen hat. Die meisten Schmuckstücke konnte er zusammenraffen, bevor er mit dem Kasten unter dem Arm nach draußen gerannt und über die Treppe verschwunden ist. Dem Kasten hatte ich zuvor gar keine Beachtung geschenkt. Ich hatte nur dieses riesige Bett mit dem Baldachin darüber im Blick, das ich wie die dicken Vorhänge an den Fenstern und die prachtvollen Gewänder des noblen Herrn in Brand stecken wollte. Ich habe diese drei Ringe vom Boden aufgeklaubt, die unter das brennende Bett gerollt sind."

Elsbeth hatte ihr mit offenem Mund zugehört. „Und jetzt?"

„Jetzt packen wir unsere Bündel, wecken den Vater und ziehen nach Graben." Sie schaute die Mutter, die kopfschüttelnd vor ihr stand und nichts von all dem begreifen konnte, was ihre Tochter daherredete, mit einem verschmitzten Lächeln an.

„Auf dem Markt habe ich vor zwei Wochen einen Händler getroffen, einen Leineweber aus Graben, Fucker mit Namen. Der hat mir erzählt, dass er im Begriff sei, nach Augsburg zu ziehen, um dort sein Glück zu machen", erläuterte die junge Frau ihre Gedanken.

„Du willst doch nicht …?"

„Aber nein", beschwichtigte Traudl ihre Mutter lachend. „Er hatte sein angetrautes Weib dabei, ist in festen Händen. Das meinte ich auch nicht. Aber er hat gesagt, dass er in Augsburg eine große Leinenweberei aufmachen will, und da braucht er so tüchtige Frauen wie ich eine bin."

„Und du törichtes Weibsbild hast ihm das geglaubt? Wärst vielleicht schon längst hinterhergezogen …"

Traudl nahm ihrer Mutter den Rubinring aus der Hand und steckte ihn in die Schürzentasche zu den anderen beiden.

„Er hat rechtschaffen ausgesehen und auch mit ein paar anderen Leuten über seine Pläne gesprochen, die sich überlegen wollten, ob sie nachkommen würden. Ich auch, das gebe ich zu", sagte sie bestimmt. „Aber ganz gleich, ob wir bei ihm Arbeit finden werden oder nicht. Wir können dann weiter nach Augsburg ziehen, das soll eine schöne und reiche Stadt sein, wie der Herr aus Graben uns wissen ließ, der sie nicht ohne Grund für seine weiteren Pläne ausgesucht hat. Dort verkaufen wir die Ringe und machen uns ein angenehmes Leben." Sie stand auf und strich ihren zerrissenen und vom Ruß geschwärzten Rock glatt, während ihre Mutter mit einem Anflug von Stolz zu ihr aufsah. „Vielleicht gibt es da auch einen Arzt, der sich um Vaters Verletzungen kümmert. Hier werden wir damit kein Glück haben." Sie bückte sich ein wenig und schaute aus dem kleinen Fenster hinter der Mutter auf den See hinaus. „Es wird langsam dunkel. Weck du den Vater, ich packe solange unser Bündel. Wir müssen los, ehe es Ärger gibt. Was heute begonnen hat, wird noch lange kein Ende nehmen, Mutter, und ich will nicht, dass weiteres Unheil über unsere Familie hereinbricht. Denn alle wissen, wer den Zunder nicht nur zu diesem Aufstand gelegt hat, und es würde für uns nicht gut enden, wenn wir hier bleiben."

Traudl sollte recht behalten. Der Aufstand war der Beginn eines jahrelangen Zwistes zwischen den Konstanzer Bürgern, dem Kloster Reichenau und der Familie Brandis. Denn Letztere handelte nicht nur ausschließlich zu ihrem eigenen Vorteil, sondern scheute sich auch nicht, unbequeme Mitmenschen auf die eine oder andere Weise aus dem Weg räumen zu lassen.

Mangold von Brandis kam trotz allem ungeschoren davon, wurde kurz darauf zum Probst, später sogar zum Abt von Reichenau gewählt, nachdem sein Onkel, Eberhard Freiherr von Brandis, verstorben war. Knapp zwanzig Jahre nach dem inzwischen als Konstanzer Fischerkrieg genannten Aufstand wählte ihn das Domkapitel gegen den vom Papst bevorzugten Nikolaus von Riesenburg als Nachfolger seines Onkels Heinrich zum Bischof von Konstanz. Dies löste eine Spaltung innerhalb der Diözese Konstanz und weiteren Unmut nicht nur unter den Bürgern der Stadt aus, sondern hätte sich beinahe auch zu einem Flächenbrand entwickelt.

Aber das ist eine andere Geschichte, die der blinde, jedoch aufgrund ärztlicher Fürsorge von seinen Verletzungen genesene ehemalige Fischer Mattheus, seine Frau Elsbeth und seine Tochter Traudl aus sicherer Entfernung verfolgen konnten. Sie waren tatsächlich mit der Leineweber-Familie Fucker über Graben nach Augsburg gezogen. Die drei hatten dort Fuß fassen und ein neues, weitaus besseres Leben beginnen können.

Die Weinprobe

von Heidi Rehn

Anno Domini 1426

arkelfingen, im November: Nebelschleier zogen über den See. Das gegenüberliegende Ufer und die in der Ferne aufsteigende Gebirgskette verschwanden hinter einem milchigen Vorhang. Düster drückte der Himmel auf die Erde. Ehe sich die Landschaft ganz in Dunkelheit auflöste, sollte sie die Arbeit beenden. Schon seit Längerem spürte Esther die klammen Finger kaum mehr. Bald wären sie steif gefroren. Die eisige Kälte kroch ihr bereits unterm Rock die Beine herauf.

Sie sammelte Bügelschere, Messer und Kordel vom Boden und legte sie zu den Trauben im Korb. Gut zwei Handvoll Ranken hatte sie noch aufgespürt. Die musste sie bei der Lese vor wenigen Wochen unter dem letzten Laub übersehen haben. Sie hängte sich den Korb an den linken Arm, raffte den wollenen Umhang mit der Hand vor der Brust zusammen und schickte sich an, zum Dorf zurückzulaufen. Der Vater wartete gewiss schon. Nach dem Tod der Mutter im letzten Jahr war er ängstlich geworden. Seither hatten sie nur noch einander. Und ihren Wein, die sechs stattlichen Manngrab am westlichen Dorfrand zu Radolfzell hinüber sowie sieben ertragreiche Rebstöcke gleich hinterm Haus zwischen der Korsmühle und der Pfarrkirche St. Laurentius. Ein Obstgarten, eine saftige Wiese und zwei Juchart Ackerland zählten ebenso zu ihrem Lehen wie das Fischrecht im Gnadensee.

Allerdings war der Vater mit den Klosterherren der Reichenau übereingekommen, diesen Teil des Lehens von Pirmin Salz und dessen Sohn Mangold aus Wollmatingen bestellen zu lassen. Die zwei waren rechtschaffene, fleißige Leute, die ihm seit Jahr und

Tag bei der Arbeit halfen, wenn er sie brauchte. So wie Christen und Juden seit Jahr und Tag in den Dörfern der Gegend einander halfen, wenn es notwendig war. Man war aufeinander angewiesen, einerlei, welchem Volk oder welcher Religion man angehörte. Auch in der direkten Nachbarschaft des Klosters Reichenau. Seit Generationen hatten die Äbte Juden wie Esthers Vater und dessen Vater und Vatersvater als Lehnsleute genommen und damit unter ihren Schutz gestellt. Unabhängig davon, was die Kirchenoberen auf dem Konzil in Konstanz einst beschlossen oder in den Reformstatuten verlautbart hatten.

Esther seufzte. Sie wusste, wie ungewiss dennoch alles war. Im Kloster und um die Reichenau rumorte es. Seit Längerem sorgte sich der Vater um sein Lehen. Und um ihre Zukunft. Auch an diesem Morgen war er wieder zum Kloster aufgebrochen, um sich des Schutzes seines Lehnsherrn, des Abtes Friedrich von Zollern, zu vergewissern. Ob es nutzte? Juden blieben stets doch nur geduldet und mussten um den versprochenen Schutz immer wieder aufs Neue bangen.

Sie beschloss, auf dem Heimweg bei Pirmins Schwester Edeltraud einen Fisch zu holen. Die wusste stets um die jüngsten Neuigkeiten. Außerdem knurrte Esther der Magen. Mit dem Rest Suppe vom Vortag, einem Krumen Brot sowie einem Krug Wein würden der Vater und sie gut gesättigt den Abend vor dem wärmenden Feuer beschließen. Zufrieden mit sich und dem, was sie an diesem Tag geleistet hatten. Hoffentlich.

„Guten Abend", erklang eine tiefe Männerstimme.

Esther erschrak. Unvermittelt baute sich eine dunkle, hochgewachsene Gestalt vor ihr auf – nur noch wenige Schritt vom schützenden Dorfrand entfernt. Ihr Herz begann, heftiger zu pochen. Burkhardt Bürglin aus Allensbach. Im schwindenden Tageslicht erkannte sie sein kantiges Gesicht. Zwischen den Linden und Büschen am Wegrand musste er auf sie gewartet haben. Sie atmete auf.

„Lass mich dich begleiten." Er bot ihr den Arm. Sie waren fast gleich groß. Selbstbewusst erwiderte sie seinen Blick, rührte sich jedoch nicht. „Für ein junges Fräulein ist es gefährlich, in der Dunkelheit allein unterwegs zu sein", setzte er nach. „Dem Gesocks gilt eine Jüdin als Freiwild. Manch einer bildet sich ein, das Recht zu haben, über dich herfallen zu dürfen, so schön und stolz, wie du bist."

Seine Stimme wurde schmeichlerisch. Zu schmeichlerisch, wie sie fand. Sie trat einen Schritt zurück. „Ich kann allein auf mich aufpassen. Ich brauche keine Hilfe."

„Sei da mal nicht so sicher." Plötzlich wirkte er unwirsch.

„Ich muss weiter. Der Vater wartet." Sie zog sich die Kapuze tiefer ins Gesicht und eilte davon, spitzte allerdings bei jedem Schritt die Ohren, ob sich rechts in den Sträuchern oder links hinter der Mauer oder vorn an der nächsten Hausecke nicht doch etwas Verdächtiges regte. Zugleich ärgerte sie sich, dass sie sich von Burkhardt so hatte einschüchtern lassen. Und verzichtete kurzerhand auf den Fisch von Edeltraud, um so schnell wie möglich beim Vater zu sein.

„Auf der Reichenau brechen neue Zeiten an. Völlig neue Zeiten. Und damit auch für uns", fasste der Vater später am Abend seinen Besuch im Kloster zusammen. Die sorgsam mit Brot ausgewischte Suppenschale schob er über die raue Tischplatte von sich fort. Ohne den sättigenden Fisch war die Mahlzeit karg ausgefallen. Das aber konnte es nicht sein, was ihn derart aufwühlte. Er knetete seine Finger, verschränkte sie mal ineinander, mal löste er sie wieder voneinander, strich fahrig mit der Hand durch den von grauen Strähnen durchzogenen Bart und fuhr sich anschließend übers Gesicht. Seine blaugrünen Augen starrten an ihr vorbei zur Wand, verloren sich im Spiel der Schatten auf dem Putz.

„Sagst du das nicht jedes Mal, wenn du von der Insel zurückkehrst?", fragte sie. Er antwortete nicht.

„Erinnerst du dich, wie düster Großvater Ulrich und du die Lage auf der Reichenau direkt nach dem Konzil und dem Besuch des dort gewählten Papstes Martin eingeschätzt habt?" Sie legte ihm die Hand auf den Arm.

Müde sah er sie an. Sein Blick blieb ausdruckslos.

„Seinerzeit habt ihr jeden Tag damit gerechnet, dass man euch das Lehen entzieht", fuhr sie fort. „Einen Sündenbock brauchen die Christen immer', hat Großvater behauptet und befürchtet, allein wir Juden würden für die Misswirtschaft auf der Reichenau verantwortlich gemacht. Fast zehn Jahre sind seither ins Land gegangen, ohne dass das eingetroffen ist. Unterdessen aber hat Papst Martin mit so mancher Entscheidung bewiesen, wie sehr ihm der Schutz der Juden am Herzen liegt. Und nach Großvaters Tod hat Abt Friedrich von Zollern dir nicht nur das bisherige Lehen auf unbestimmte Zeit bestätigt, sondern sogar noch mehr Land anvertraut. Eigenhändig hat sein Kustos Friedrich von Fürstenberg dir die Urkunde überreicht. Das heißt viel. Abt Friedrich von Zollern wird uns jedenfalls gewiss auch künftig seinen Schutz gewähren."

„Friedrich von Zollern wird künftig gar nichts mehr gewähren, am allerwenigsten uns unseren Schutz. Völlig machtlos ist er geworden. Allenfalls für sich selbst kann er vielleicht noch etwas tun. Aber auch das steht in den Sternen."

Von Neuem stierte der Vater zur Wand. Erschöpfung lag auf seinem Gesicht. Verwundert über seine Worte zog Esther die Augenbraue nach oben.

„Vor zehn Tagen wurde Friedrich von Zollern seines Amtes enthoben", begann er zu erzählen, heiser und stockend. Kurz hielt er inne, räusperte sich und nahm einen langen Schluck Wein aus seinem Becher, bevor er fortfuhr: „Von eben diesem Papst Martin, der vor Jahren hier gewesen ist und den du so gern als einen besonderen Fürsprecher für uns Juden bezeichnest. Ein Fürsprecher von Friedrich von Zollern ist er jedenfalls nicht. Längst hat er dessen Nachfolger bestimmt und zur Reichenau befohlen. Aus einem Kloster im Schwarzwald kommt er. In Kürze soll er da sein."

„Soll er doch!", brauste Esther auf. „Was gehen uns die Händel der Klosterherren mit dem Papst an? Ständig geht es zwischen ihnen hin und her. Keiner weiß noch, warum und wieso und mit welchen Auswirkungen jenseits der Klostermauern. Unser Lehen aber ist beurkundet. Mit unserem und des Abtes Friedrich von Zollern Siegel, ausgestellt und beglaubigt von Kustos Johann von Fürstenberg. Auch Friedrichs Nachfolger, wer auch immer das sein mag, kann nicht daran rütteln. Recht ist Recht. Selbst für die Äbte auf der Reichenau. Und die christliche Kirche. Auch uns Juden gegenüber. Dafür haben wir uns als Lehnsleute unter ihren Schutz begeben. Seit dein Großvater sich mit seiner hochschwangeren Frau vor der Verfolgung aus Konstanz hierher gerettet hat, ist unsere Familie in Markelfingen ansässig und hat stets ihre Pflicht gegenüber den Lehnsherren von der Reichenau treu erfüllt. Das haben die Äbte des Klosters immer anerkannt. Das werden sie auch weiterhin tun."

„Leider gibt es einige, die das nicht so sehen. Und die danach trachten, uns das Lehen wegzunehmen. Es ist fruchtbarer Boden. Die Rebstöcke sind sehr ertragreich", entgegnete der Vater. Auf einmal war auch er aufgebracht. Er ballte die Fäuste und suchte Esthers Blick. „Unsere Neider sind nicht allein unter den Klosterherren auf der Reichenau zu finden. Ohnehin werden die immer weniger. Zwei sind es derzeit noch: Abt Friedrich und sein Kustos Johann. Und zwei Novizen, die noch nicht richtig trocken hinter den Ohren sind. Von der Seite haben wir wohl keinen Schutz zu erwarten. Umso offenkundiger schielen unsere Nachbarn auf den Grund, den wir bestellen."

„Ich weiß. Leider", entschlüpfte es Esther unvermittelt. Auf einmal stand ihr die Begegnung mit Burkhardt Bürglin vor Augen. Auch er war seit Langem erpicht auf ihren Weinberg am westlichen Dorfrand, der direkt an den seinen grenzt. Als Schreiber im Amt von Allensbach wusste er obendrein als einer der Ersten Bescheid, was in der Gegend geschah. Er unterhielt engen Kontakt zur Reichenau. Natürlich war er genau im Bild, was dort vor sich ging.

Welche Chuzpe von ihm, vorzugeben, er wollte ihr seinen Schutz anbieten, dachte Esther. Doch sie entschied, dem Vater nichts davon zu erzählen. Ohnehin war er über ihren Ausruf erbleicht.

„Dir darf nichts geschehen, mein Kind!" Die Stimme gehorchte ihm kaum. „Es gäbe einen Ausweg", fügte er hinzu, nachdem er sich noch einmal geräuspert hatte, hob aber nicht den Blick, um sie anzusehen. „Ehe dir etwas geschieht, sollten wir uns besser …"

„Nein!", schnitt sie ihm das Wort ab. Und setzte, sobald sie sein entsetztes Gesicht bemerkte, ruhiger, aber nicht weniger entschieden nach: „So weit wird es nicht kommen. Ich weiß mich zu wehren und wir bleiben uns treu."

„Wenn es der einzige Weg ist, dich zu schützen und unser Land zu retten, sollten wir uns taufen lassen."

„Es wird noch andere Wege geben. Hab Vertrauen."

Der Winter wurde lang und hart. Ungewöhnlich streng. Des Öfteren raunte Pirmins Schwester Edeltraud hinter vorgehaltener Hand Esther etwas von einer Strafe Gottes für die unheiligen Zustände rund um die Insel Reichenau und im Kloster zu.

„Es wird arg kommen. Womöglich noch in diesem Jahr. Für alle. Für Christen wie für Juden, für Gläubige wie für Ungläubige", fügte sie mit einem bedeutungsvollen Blick hinzu. „Wenn du dich taufen lässt, ist wenigstens deine Seele gerettet."

So wenig Esther das hören wollte, kam sie um Edeltraud und ihre düstere Prophezeiung nicht umhin. Viel zu oft hatten sie miteinander zu tun, gerade in einem so strengen Winter wie diesem. Seit dem Tod der Mutter, die sich als Tochter eines Arztes auf Heilkunde verstanden hatte, ging Esther in ihrer Nachfolge Edeltraud zur Hand. Die Leute im Dorf, insbesondere die Frauen, schätzten die schöne, kluge, junge Esther an der Seite der nicht weniger klugen, aber reichlich verwachsenen Edeltraud. Als Hebamme und weise Frau des Dorfes verhalf sie so manchem Kind auf die Welt und so manchem Kranken zur baldigen Genesung. Mit so manchen Kräutern und Essenzen, aber auch mit so manchem Amulett, seltsamem Spruch und noch eigentümlicherem Gebet an irgendwelche Heilige, die gewiss nicht sämtlich im großen Buch der Klosterbibliothek zu finden waren. Esther verstand sich darauf, Edeltrauds rätselhaftes, mitunter beängstigend wirkendes Gebaren mit einem aufmunternden Lächeln zu begleiten, was die Dorfbewohner wie auch Edeltraud schätzten. Esthers Judentum zum Trotz. Und Esther schätzte die Einkünfte, die ihr die Tätigkeit brachte und die dem Vater und ihr über den Winter halfen.

„Zur Irmintraud Kepler geh ich morgen besser allein", eröffnete ihr Edeltraud an einem der ersten wärmeren, helleren Märztage überraschend. „Die Frauen sind bang, was das Jahr bringen mag. Deshalb verlassen sie sich lieber auf den Beistand einer Christenseele …"

„Schon gut", winkte Esther ab. „Morgen muss ich ohnehin nach Allensbach. Und die nächste Zeit hab ich viel mit den Rebstöcken zu tun."

– *April 1427* –

Endlich brach sich der Frühling Bahn. Die Sonne ließ den letzten Schnee schmelzen, das Eis am Seeufer aufbrechen, die Triebe an Bäumen und Sträuchern knospen. Für Esther begann die intensive Arbeit im Weinberg. Ein guter Vorwand, Edeltraud mit ihren düsteren Prophezeiungen, aber auch dem Misstrauen von Frauen wie Irmintraud Kepler aus dem Weg zu gehen. Begierig stürzte sie sich nach dem Bluten der Reben auf das Ausgeizen, Biegen und Binden der Triebe und freute sich sogar bereits auf das bald beginnende Harken des Bodens. Das war zwar anstrengend, aber sie genoss es gerade deshalb in diesem Frühjahr mehr denn je.

Abends saß sie mit dem Vater erschöpft, aber glücklich bei einem Becher jungem Wein vom Vorjahr auf der Bank hinter dem Haus und blickte in den angrenzenden Garten. Noch wurde es schnell empfindlich kühl. Das Gemäuer speicherte während des Tages jedoch schon gut Wärme, die ihnen in dem windgeschützten Winkel bis zum Sonnenuntergang wohltat.

„Das wird ein gutes Jahr", verkündete der Vater unerwartet zuversichtlich und lehnte den Kopf in den Nacken, um die letzten Sonnenstrahlen auf dem Antlitz zu spüren.

Esther nickte zustimmend. Allmählich schöpfte sie ebenfalls wieder Hoffnung. Schon länger hatte der Vater nicht mehr über die Reichenau gesprochen, noch länger nicht mehr die Absetzung von Abt Friedrich und das von ihm befürchtete, damit verbundene Ende seines Lehens erwähnt. Ebenso wenig war er noch einmal auf ihre mögliche Taufe zu sprechen gekommen. Auch von anderer Seite hatte sie nichts mehr über die Vorgänge auf der Reichenau gehört. Erst hatte der lange, harte Winter alle in die Häuser gezwungen, jetzt zwang der Frühling jedermann aufs Feld und in die Weinberge. Niemandem blieb Zeit und Muße für Tratsch, erst recht nicht darüber, was im Kloster vorgehen mochte. Nur gelegentlich schwappten Gerüchte über das sture Beharren von Abt Friedrich von Zollern auf seinem Amt in die Dörfer. Es schien allerdings, als ließe ihn sein vom Papst eingesetzter Nachfolger gewähren. Also erstarb das Gemunkel so schnell, wie es aufgeflammt war. Auch Burkhardt war Esther nicht mehr begegnet, was sie ebenfalls erleichterte.

„Die Reben haben den strengen Winter erstaunlich gut überstanden und treiben fleißig. Und die Obstbäume schlagen bereits aus", pflichtete sie dem Vater versonnen bei.

„Ich bin gespannt, was Pirmin und Mangold von unseren Feldern im Osten berichten." Der Vater rieb sich die Hände. „Nächste Woche kommen sie aus Wollmatingen herüber. Schau, was du noch an Vorräten im Keller hast. Wir sollten sie anständig verköstigen."

„Bislang hat noch keiner unserer Gäste gedarbt", erwiderte Esther amüsiert.

„Das gute Wirtschaften hast du von deiner Mutter gelernt. Du bist ihr eine würdige Nachfolgerin. Was würde ich nur ohne dich tun?"

„Was würdet ihr nur ohne euer Lehen tun?"

Bei diesen Worten von Burkhardt Bürglin schrecken Esther und der Vater zusammen. Der ungebetene Gast stand am Zaun und wartete die Einladung, zu ihnen zu kommen, gar nicht erst ab. Schon trat er mit wenigen großen Schritten zu ihrer Bank heran und baute sich vor ihnen auf. Sein breiter Schatten nahm ihnen die letzte Sonnenwärme. Esther musste an sich halten, um ihn nicht sofort verärgert wegzuschicken.

„Wie kommst du dazu, uns so etwas zu fragen?" Erstaunt sah der Vater Burkhardt an.

„Hör nicht auf ihn. Er redet wirres Zeug", versuchte Esther abzuwiegeln.

„Ich rede nicht wirr. Ich sehe die Dinge, wie sie sind." Burkhardt bedachte sie mit einem eindringlichen Blick, bevor er sich an den Vater wandte. „Als Schreiber von Allensbach habe ich fast täglich mit dem Kloster auf der Reichenau zu tun. Deshalb habe ich als einer der Ersten vom Tod Johann von Fürstenbergs erfahren, der als Kustos für Abt Friedrich die Rechtsgeschäfte …"

„Johann ist tot?", unterbrach ihn der Vater sichtlich bestürzt.

Besorgt musterte Esther ihn. Mit dem Kustos hatte der Vater sich fast noch besser gestanden als mit Abt Friedrich von Zollern. Trotz adeliger Herkunft und Erziehung war Friedrich von Zollern des Schreibens und Lesens kaum mächtig. Umso wichtiger war für ihn Johann, der sämtliche Schriftsachen für ihn erledigte. Und deshalb war der Kustos noch wichtiger für Friedrichs Getreue. Jeder, der mit dem Abt etwas zu regeln hatte, was schriftlich festgehalten werden musste, hielt sich an ihn. So auch der Vater.

„Ende März ist er gestorben und wurde gleich im Kloster beigesetzt", berichtete Burkhardt. „An Ostern will man keine Beerdigung …"

„So plötzlich? Krank war Johann nicht. Und alt oder schwach erst recht nicht. Bei unserem letzten Zusammentreffen im Herbst schien er noch bei bestem Wohlbefinden." Fassungslos schüttelte der Vater den Kopf. Esther legte ihm beruhigend die Hand auf die Schulter. Der Kustos und er waren in etwa gleich alt gewesen. Kein Wunder, dass ihn das derart traf.

„Mitte Vierzig ist für die einen das beste Mannesalter und für die anderen der Anfang vom viel zu frühen Ende", erwiderte Burkhardt. „Und manchmal ist es wohl besser, die Gründe für einen unerwarteten Tod nicht allzu genau zu hinterfragen. Denkt nur an die unglückseligen Todesumstände der Äbte Ludwig von Pfullendorf und Ulrich III. von Zollern vor bald dreihundert Jahren. Das Gerede darüber hat nur Unfrieden gebracht. Bis heute."

„Heißt das, auch der Kustos wurde ermordet?" Esther wagte kaum, sich das auszumalen. Die Geschichte vom heimtückischen Mord an den beiden Äbten mitsamt den daraus resultierenden Konsequenzen kursierte noch immer in der Gegend.

„Das heißt gar nichts, außer dass dein Vater und du euch schnellstens neue Fürsprecher im Kloster suchen solltet", stellte Burkhardt klar. „Friedrich von Zollern ist die längste Zeit Abt gewesen. Mit Johann von Fürstenberg ist sein letzter Verbündeter gestorben. Weiterer Widerstand gegen die Absetzung ist zwecklos. Die Novizen können ohnehin nichts ausrichten. Ich aber könnte dir und deinem Vater helfen, von Abt Heinrich von Hornberg empfangen zu werden. Am besten, ihr gebt mir ein Fass eures Weins mit. Ich bin sicher, sobald er davon gekostet hat, wird er euch kennenlernen wollen."

„Warum willst du das tun? Was versprichst du dir davon?", fragte Esther, obwohl sie die Antwort bereits kannte.

Der Blick, den Burkhardt ihr schenkte, sprach Bände. Dabei wusste er doch, dass sie – er als Christ, sie als Jüdin – keine gemeinsame Zukunft hatten. Es sei denn, sie ließe sich taufen.

Sie sah zum Vater. Der betrachtete Burkhardt nachdenklich. Erwog er etwa, auf seinen Vorschlag einzugehen? Bereits im Herbst hatte er in der Taufe einen möglichen Ausweg aus ihrer Not gesehen. Strenggläubig waren sie nie gewesen. Doch gab man seine Religion aus solch niederen Gründen auf? Und sich gar einem Mann zum Weib?

„Nein!", rief sie und stürzte ins Haus.

„Niemals werde ich dich zu etwas zwingen, was du nicht willst", versicherte ihr der Vater, sobald sie wieder allein waren. „Wenn du dich nicht taufen lassen willst, werden wir es nicht tun. Ebenso wenig werde ich dich Burkhardt versprechen, damit er für uns ein gutes Wort beim neuen Abt einlegt. Nicht einmal meinen Wein gebe ich ihm dafür mit."

„Du weißt, was das bedeutet? Für dich. Und für uns beide."

„Kein Rebstock, kein Apfelbaum und keine Furche Acker sind es wert, dass wir unseren Glauben verraten oder dass du dich einem Mann hingibst, den du nicht liebst. Am besten verschwindest du für eine Weile von hier. Geh zu unseren Verwandten nach Straßburg. Gleich morgen werde ich ihnen schreiben, dass du kommst. Bei ihnen bist du sicher, bis sich die Lage hier wieder beruhigt hat."

„Und du?"

„Ich bleibe. Sollen sie mich doch gewaltsam aus meinem Haus und von meinem Boden verjagen, den sie einst meinem Urgroßvater als Lehen gegeben haben."

„Ich lasse dich nicht allein", entgegnete sie. „Ich liefere dich nicht Burkhardt oder sonst wem aus."

„Lass uns abwarten, was Pirmin und Mangold sagen, wenn sie zu uns kommen. Vielleicht wissen die einen Rat."

„Die beiden? Zwei einfache Bauern?" Zweifelnd runzelte Esther die Stirn. „Gegen Burkhardt und Konsorten richten sie nicht das Mindeste aus."

– Mai 1427 –

Die Zeit verrann. Noch hatte niemand Esther und den Vater im Auftrag des neuen Abtes aufgesucht, um ihnen das Lehen aufzukündigen. Dennoch meinte Esther, jeden Tag zu spüren, wie die Frauen sie immer seltsamer beäugten. Nicht mehr nur Irmintraud Kepler weigerte sich, sie als Edeltrauds Helferin ins Haus zu lassen. Bald würde Edeltraud sie nur noch brauchen, um den wenigen jüdischen Familien beizustehen.

Dabei hatten der Vater und sie nach Pirmins und Mangolds Besuch noch gehofft, sie könnten ihre Angelegenheiten beim neuen Abt auch ohne Burkhardt regeln. Ohne sich auf vage Versprechungen einzulassen. Und ohne ihre Religion durch die Taufe zu verraten.

„Mag sein, dass der Kustos völlig unerwartet gestorben ist", war Pirmin Salz gleich auf das Wesentliche zu sprechen gekommen. „Und es mag ebenso sein, dass der bisherige und der neue Abt über das weitere Vorgehen im Kloster streiten. Es sieht aber nicht so aus, als wäre das jenseits des Klosters von Bedeutung. Auch nicht für die Lehnsleute des Klosters. Was vom Kustos beurkundet worden ist, gilt über dessen Tod hinaus. Und für den neuen Abt sowieso."

Voller Eifer hatte sein Sohn Mangold ergänzt: „Auch ohne dass ihr euch taufen lasst. Deshalb haben euch die Äbte doch stets unter ihren Schutz genommen."

„Was haltet ihr davon, dem neuen Abt als Zeichen eures guten Willens ein Fass eures Weins zu geben?", hatte Pirmin vorgeschlagen. „So versichert ihr ihm, dass ihr euch ihm ebenso verpflichtet fühlt wie seinem Vorgänger. Wenn ihr einverstanden seid, überbringe ich es ihm in eurem Namen, sobald ich wieder auf der Reichenau bin."

„So machen wir es", war der Vater erleichtert darauf eingegangen. Auch Esther hatte zugestimmt, ebenfalls froh, damit dem Vorschlag Burkhardts zwar nachzukommen, aber ohne dessen Dienste anzunehmen.

„Auf Pirmin und Mangold ist Verlass. Das habe ich immer gewusst", hatte der Vater zufrieden erklärt, nachdem die beiden mit dem Wein abgezogen waren und versprochen hatten, sie über die weiteren Vorgänge auf dem Laufenden zu halten. Wollmatingen lag näher an der Reichenau als Markelfingen, sodass sie auch näher am Geschehen im Kloster waren als Esther und der Vater. Und schneller über alles informiert wurden.

Anders als der Vater blieb Esther dennoch skeptisch. Nur gab es jetzt im Weinberg so viel zu tun, dass sie an manchen Tagen darüber sogar das Grübeln vergaß. Der Austrieb der Rebstöcke war zügig vorangeschritten, die Blüte hatte begonnen. Fortwährend mussten der Boden von Unkraut und die Reben von störenden Trieben befreit sowie entlang der Schnur gebunden werden, damit sie vielversprechend weiterwachsen konnten. Ab und an versicherte der Vater ihr beim gemeinsamen Abendbrot oder Ausruhen an der Hauswand, dass alles auf einem guten Weg sei und sie gewiss sein konnten, dass Pirmin und Mangold in ihrem Sinn beim neuen Abt vorstellig würden.

„Aber wann?", hakte Esther ein. „Seit Wochen schicken sie keine Nachricht, was los ist. Dabei haben sie uns in die Hand versprochen, uns über alles, was dort geschieht, auf dem Laufenden zu halten."

„Manchmal dauert es halt länger als gedacht. Hab Geduld", riet der Vater.

„Meinem Bruder und seinem Sohn kannst du vertrauen", bekräftigte auch Edeltraud, als Esther mit ihr von einem Krankenbesuch in Kaltbrunn heimkehrte. Zu Esthers Verwunderung hatte sie auf ihrer Begleitung bestanden. Der Salbe wegen, die Esther nach einer Rezeptur der Mutter anrührte, wie Edeltraud nach einigem Zögern einräumte.

„Das ist einfach die beste, um den brennenden roten Ausschlag zu lindern", hatte sie erklärt. „Verrat mir doch die Mischung, dann muss ich dich nicht mehr bei der Arbeit im Weinberg stören. Du hast mehr als genug zu tun."

„Das schaffe ich gut", war Esther der Bitte ausgewichen.

„Hast du schon gehört?" Mit einem triumphierenden Leuchten in den Augen winkte Edeltraud sie jetzt näher zu sich heran, sah sich übertrieben um, dabei war auf dem Feldweg weit und breit niemand zu sehen. Hinter vorgehaltener Hand flüsterte sie ihr ins Ohr: „Burkhardt Bürglin hat eine der besten Partien der Gegend ausgeschlagen."

„Wovon redest du?" Esther schwante nichts Gutes.

„Kriegst du denn gar nichts mehr mit?" Verblüfft sah Edeltraud sie an. Dann schien ihr einzufallen, dass Esther inzwischen immer offenkundiger geschnitten wurde. „Er will Mechthild Ronnebach aus Ermatingen nicht heiraten. Die sitzt jetzt dumm da mit dem großen Hof, den sie in die Ehe eingebracht hätte. Nicht einmal ihre Schönheit hat ihr genutzt. Burkhardt will sie nicht. Sein Vater ist außer sich. Und seine Mutter wagt sich nicht mehr vor die Tür, so sehr schämt sie sich. Er soll eine andere freien, heißt es. Ich bin gespannt, wer das sein soll." Hämisch lachte sie auf. „Mir ist keine bekannt, die mit Mechthild mithalten kann. Und ich kenne so ziemlich alle Familien im Umkreis."

Esther senkte den Blick und hoffte, Edeltraud würde nicht merken, wie sehr ihr plötzlich die Wangen glühten. Ihr dämmerte etwas. So schmeichelhaft das sein mochte, war es schlichtweg der helle Wahnsinn. „Ich muss mich beeilen", murmelte sie und wollte fortlaufen, doch Edeltraud hielt sie am Arm fest.

„Bringst du mir das Rezept?"

„Nein."

„Nun gut. Du musst wissen, was du tust."

„Du gönnst dir wohl nie eine Ruhepause." Abermals passte Burkhardt Esther eines Abends auf ihrem Heimweg aus den Weinbergen kurz vor dem Dorf ab. Ihr stockte der Atem. Wusste er, was er tat? Nicht auszudenken, wenn sie jemand miteinander sah. Nach der Schmach, die er der schönen Mechthild Ronnebach zugefügt hatte, würde man ihr nie verzeihen, dass er das offenbar ihretwegen getan hatte. Was aber sollte sie tun? Ihn hinters Gebüsch zu ziehen, damit sie niemand miteinander entdeckte, wäre noch fataler. So unbefangen wie möglich, mit gebührendem Abstand, versuchte sie vor ihm stehenzubleiben.

„Von früh bis spät sieht man dich zwischen den Rebstöcken schuften." Burkhardt hob die Hand, um ihr eine Haarsträhne aus dem Antlitz zu streichen. Hastig drehte sie den Kopf beiseite. Er ignorierte das. „Hoffentlich ist deine Mühe nicht vergebens und nützt am Ende nur dem, der euer Lehen übernimmt."

„Du weißt doch, dass das selbst nach dem Tod des Kustos nicht geschehen kann. Die Urkunden sind gültig. Daran ist nicht zu rütteln."

Sie zwang sich, trotz der aufwallenden Furcht so bestimmt wie möglich zu klingen. Etwas musste passiert sein, wenn Burkhardt derart zu ihr sprach.

„Du bist eindeutig zu viel mit euren Reben beschäftigt", stellte er fest. „Und dein Vater ist zu viel auf seinen Feldern und in den Obstgärten, die er doch eigentlich Pirmin und Mangold anvertraut hat. Ausgerechnet jetzt. Ihr müsst aufmerksamer sein. Und euch an die halten, die wirklich zu euch stehen. Viele sind es ohnehin nicht mehr."

Ein trauriger Schatten huschte über sein Antlitz. Er setzte sich den Hut auf und ging fort.

„Was ist los? Ist etwas auf der Reichenau geschehen? So sag es mir doch!" Hastig hob Esther den Rock und rannte hinter ihm her. Sie konnte jedoch das Tempo nicht halten und musste aufgeben. „So warte doch! Bitte!", rief sie noch einmal flehentlich.

Tatsächlich hielt er an und drehte sich langsam wieder zu ihr um. Sie eilte zu ihm.

„Es ist zum offenen Kampf gekommen", berichtete er. „Mit Waffengewalt haben Friedrich von Zollern und seine beiden Novizen die Pfalz neben dem Münster verteidigt. Sie wollten Heinrich von Hornberg hindern, seinen Wohnsitz als Abt einzunehmen. Gegen den Trupp, den er zur Seite hatte, kamen sie allerdings nicht an. Gedemütigt mussten sie abziehen. Noch im Weggehen soll Friedrich von Zollern trotzig die Faust gereckt und seinen Anspruch bekräftigt haben. Daraufhin hat Heinrich von Hornberg ihn exkommuniziert. Und seine Novizen gleich mit. Der Reichenauer Klerus hat jetzt begonnen, die Misswirtschaft im Kloster zu beenden und die Anweisungen des Papstes zu befolgen. Friedrich ist endgültig erledigt. Wohl dem, der jetzt seine Fürsprecher beim neuen Abt hat, damit seine Lehen schnellstmöglich bestätigt werden."

„Heißt das …?"

„Du weißt, was ich meine. Und du kennst mein Angebot. Vielleicht überlegt dein Vater und du es euch noch einmal. Übrigens sollen Pirmin und Mangold aus Wollmatingen gleich nach dem Kampf im Kloster vorstellig geworden sein."

„Das haben sie mit dem Vater vor Längerem schon besprochen", gestand Esther. „Sie wollten in seinem Sinn …"

„Wohl eher in ihrem eigenen", unterbrach Burkhardt sie verärgert. „Wie schon gesagt, du und dein Vater, ihr solltet besser darauf achten, wem ihr vertraut."

Er schenkte ihr noch einmal ein bekümmertes Lächeln und ging weg. Es dauerte einen Moment, bis sie das Ausmaß seiner Worte begriff. Doch bis dahin war er verschwunden.

– *November 1427* –

Die Ernte fiel in diesem Jahr erfreulich gut aus. Ebenso war die Weinlese ertragreicher als sonst. Der Vater hoffte zwar auf einen guten Tropfen, schien sich aber ebenso wenig wie Esther so recht daran zu freuen. Viel zu sehr beschäftigte sie beide, dass Pirmin und Mangold immer noch nicht auftauchten, um von ihrer Mission auf der Reichenau zu berichten. Mehrere Male brach der Vater unter einem Vorwand nach Wollmatingen auf, kehrte aber stets unverrichteter Dinge zurück, wie sie an seiner zusehends verzweifelter werdenden Miene ablas. Ebenso wenig gelang es ihm, auf der Reichenau zum neuen Abt vorzudringen.

„Als wäre ich Aussatz", beklagte er sich endlich eines Abends bei Esther. „Vielleicht sollten wir uns doch taufen lassen. Dann haben sie keinen Grund mehr, uns das Lehen wegzunehmen. Einem Christenmenschen dürfen sie das nicht antun."

Esther zögerte weiterhin. Sie traute den Klosterherren nicht mehr. Sie traute auch sonst niemandem mehr. Zu gern hätte sie sich mit Burkhardt beraten, doch der ließ sich ebenfalls nicht mehr blicken.

„Hab ich's dir nicht gesagt? Der freit eine noch bessere Partie als Mechthild", raunte Edeltraud ihr zu, als ahnte sie, nach wem Esther Ausschau hielt, wenn sie zu den wenigen Kranken und Gebärenden unterwegs waren, die sie noch gemeinsam aufsuchten. Trotz Edeltrauds immer drängenderem Bitten verweigerte Esther ihr die Salbenrezeptur weiterhin, da sie befürchtete, Edeltraud würde sie sonst gar nicht mehr zu Hilfe bitten.

„Du weißt, dass ich nichts gegen dich habe", versicherte Edeltraud ihr jedes Mal aufs Neue, obwohl Esther sich dessen längst nicht mehr sicher war.

Als Esther anderntags einen Fisch bei Edeltraud holte, verkündete die ihr unerwartet: „Nachdem Friedrich von Zollern im August endlich gestorben ist, sieht es ganz danach aus, als würden sich auch die anderen in der Gegend besinnen und wie ehedem wieder in Frieden mit euch Juden leben."

Erstaunt sah Esther sie an.

„Sei unbesorgt. Es ist endlich wieder ruhig geworden auf der Reichenau", versicherte Edeltraud. „Der neue Abt hat jetzt Besseres zu tun, als euch Juden zu bedrängen. Im Kloster muss er Ordnung schaffen."

„Und was ist mit deinen Prophezeiungen von Anfang des Jahres?", hakte Esther nach.

„Es wird alles gut. Genau im richtigen Moment." Edeltraud winkte ab, nicht im Mindesten irritiert, sich offenbar geirrt zu haben. Stattdessen strahlte sie plötzlich über das runzelige Gesicht. „Mein Neffe Mangold wird sich verheiraten. Noch bevor das Jahr zu Ende geht."

„Gratuliere." Die Neuigkeit überraschte Esther. Noch immer warteten der Vater und sie auf Nachricht von Mangold und Pirmin.

„Du wirst kaum erraten, mit wem." Edeltraud ließ ihr keine Gelegenheit zu antworten, sondern platzte bereits triumphierend heraus: „Mit Mechthild Ronnebach aus Ermatingen!"

Im ersten Moment meinte Esther, sich verhört zu haben. Doch Edeltraud quoll über vor Stolz. Also musste es stimmen. Esther verkniff sich die Frage, wie ihm das gelungen war. Wahrscheinlich hatte er den Moment genutzt. Nachdem Burkhardt Mechthild verschmäht hatte, war ihre Familie gewiss zu manchem Zugeständnis bereit, Hauptsache es fand sich jemand, der die Tochter noch zur Frau nahm. Außerdem galt Mangold als fleißig und strebsam. Gewiss war er der Richtige, um Mechthilds Erbe zu mehren.

„Das freut mich sehr für eure Familie", sagte Esther, nahm den Fisch und lief durch den Novemberregen zum Vater.

Der schien gerade erst heimgekehrt, wie sein tropfender Umhang am Haken und die nassen Stiefel neben der Tür verrieten. Trotzdem saß er nicht am Feuer, um sich aufzuwärmen, sondern erwartete sie direkt hinter der Tür. Leichenblass. Ihr wurde flau. Kaum gelang es ihr, den vom Regenwasser vollgesogenen Umhang und die durchnässten Schuhe auszuziehen, so zitterten ihr auf einmal die Hände.

„Was ist passiert?", fragte sie den Vater und erschrak, wie verzagt sie sich anhörte.

„Das, was nicht hätte passieren dürfen. Jedenfalls nicht so schnell: Abt Heinrich von Hornberg ist tot."

„Aber er ist doch noch kein Jahr …"

„Eben. Schon heißt es, das sei ähnlich wie vor dreihundert Jahren, als Ulrich III. von Zollern kurz nach seinem von den Mitbrüdern erschlagenen Vorgänger getötet worden sei. Mit Gift."

„Wurde Heinrich von Hornberg etwa auch …?"

„Angeblich hat man ein verdächtiges Fass Wein in seinen Gemächern gefunden. Eins, das nicht aus den Klosterbeständen stammt, sondern von uns. Mit unserem Wein."

„Aber wie …? Will man etwa uns die Schuld …?"

Ein lauter Schlag gegen die Tür unterbrach sie. Waren das schon die Büttel? Esthers Herzschlag drohte auszusetzen, der Vater erstarrte.

Schon flog die Tür auf. Eisiger Wind und ein kräftiger Regenschwall wehten herein. Nicht die Büttel, sondern Burkhardt stand vor ihnen.

„Macht schnell. Ich bringe euch in Sicherheit."

„Du?", fragte der Vater voller Argwohn.

„Wohin?", wollte dagegen Esther nur wissen.

„Du willst mit? Niemals!" Schon verbaute der Vater ihr den Weg. „Hast du vergessen, was Burkhardt von dir, von uns verlangt hat? Als Gegenleistung dafür, dass er unseren Wein, mit dem der Abt jetzt vergiftet …"

„Vater, hast du etwa vergessen, dass nicht Burkhardt, sondern Pirmin und Mangold das Fass mit unserem Wein …?"

„Warum sollten sie das tun?" Der Vater wurde böse.

„Weil sie unser Lehen haben wollen. Damit Mangold Mechthild Ronnebach aus Ermatingen heiraten kann."

„Das ist nicht wahr." Auf einmal begann er zu wanken. Gerade noch rechtzeitig konnte sie ihn festhalten, bevor er hinschlug.

„Lasst uns das später bereden. Jetzt müssen wir fort. Schnell. Am besten zu euren Verwandten nach Straßburg", mischte Burkhardt sich ein und riss die Umhänge vom Haken.

„Wir?", fragte der Vater. Auch Esther horchte auf. Obendrein wunderte sie sich, woher Burkhardt von den Verwandten wusste. Doch das war nicht der Moment zu fragen, ob er Erkundigungen über ihre Familie eingeholt hatte.

„Natürlich wir. Ich lasse euch nicht allein. Ich bleibe bei euch, bis ihr in Sicherheit seid. Hinter der Friedhofsmauer stehen zwei Pferde, eins für euch und eins für eure Tochter und mich. So geht's am besten."

„Du hast an alles gedacht." Dankbar drückte Esther ihm die Hand.

Hastig zog Burkhardt sie an sich. Und sie schmiegte sich kurz an seine Brust.

„Alles wird gut, vertrau mir." Zärtlich strich er ihr übers Haar. „Ich sorge dafür, dass Pirmin und Mangold zur Rechenschaft gezogen werden. Und dann finden wir einen Weg, um zusammenzukommen."

„Wir werden sehen", erwiderte sie, nicht ganz so überzeugt wie er, und löste sich aus der Umarmung.

Im Schutz der Nacht schlichen sie mit dem Vater zu den Pferden, saßen auf und ritten los. Gerade noch rechtzeitig.

Am Waldsaum angekommen hörten sie, wie es im Dorf laut wurde. Im Schatten der Bäume hielten sie an und sahen zurück. Der unruhige Schein von Fackeln tanzte durch die Dunkelheit zwischen den Dächern. Gebrüll erschallte. Die Büttel stürmten das Haus unweit der Korsmühle. Kurz darauf brannte es lichterloh.

Exorzismus

von Tanja Kinkel

Anno Domini 1541

hr müsst uns helfen, Prior", sagte die Magdalena Fischer zu mir. „Es geht ein Geist um. Ihr müsst uns helfen."
Es war das Jahr unseres Herrn 1541, der März ging zu Ende, und in Gedanken war ich schon auf halbem Weg nach Regensburg. Dort war nicht nur ein Reichstag einberufen worden, nein, es wurden die wichtigsten Theologen unserer Zeit erwartet, um miteinander zu disputieren, in einem letzten Versuch, Alt- und Neugläubige miteinander zu versöhnen. Mehr noch, der Kaiser wurde erwartet, Karl V., in dessen Reich die Sonne nicht unterging. Vor fast zehn Jahren hatte er das letzte Mal in deutschen Landen geweilt. Wollte ich dem Kaiser die Bitte vortragen, die mir und meinen vier Mitbrüdern so dringend im Sinn stand, so würde dies wohl die letzte Gelegenheit sein, ehe er für ein weiteres Jahrzehnt nach Hispania verschwand oder in das Burgunderland oder nach Italien oder eine seiner anderen Ländereien. Deswegen hörte ich der Fischerin nur mit halbem Ohr zu und winkte ab. Mit Geistergeschichten wollte ich mich nicht beschäftigen, wenn es galt, die Reichenau zu retten. Da kam es mir sehr ungelegen, dass sich die Fischerin mir an die Fersen heftete, als ich von ihr die frisch gewaschenen und geplätteten Altartücher für die Kirchen der Insel entgegennahm.

„Prior Dietz!", rief Magdalena Fischer, als ich schon halb an ihr vorbeigegangen war. „Ihr müsst den Knöringer endgültig loswerden, wenn Ihr und ich Ruhe finden sollen!"

Da hatte sie ein Wort, einen Namen ausgesprochen, der mich zusammenfahren ließ. „Markus von Knöringen ist tot, Weib", erwiderte ich langsam zu der Frau, die dem Knöringer in Radolfzell den Haushalt geführt hatte, was mein Einfall gewesen war. Magdalena Fischer schniefte.

„Das müsst Ihr mir nicht erzählen, Prior", sagte sie. „Schließlich hab ich die Leiche gefunden. Ein schöner Anblick war das nicht, das könnt Ihr mir glauben. Aber genau darum geht's. Mausetot ist er, Euer alter Abt, und trotzdem hab ich ihn letzte Nacht stöhnen hören. Und vorgestern, grad zur Mittagsstund, da war mir, als griff mir was Kaltes in den Nacken. Der geht als Geist umher, der Knöringer, eine andere Erklärung gibt's nicht, und Ihr müsst mir helfen, ihn endgültig loszuwerden!" Mit zusammengekniffenen Augen fügte sie hinzu: „Zu seinen Lebzeiten habt Ihr's schließlich geschafft, auch wenn's lang genug gedauert hat."

Zu lange, dachte ich, viel zu lange für die Abtei. Und am Ende war es nicht mir gelungen, auch wenn ich in dem Trauerspiel einen Auftritt hatte.

„Das ist abergläubischer Unfug, Fischerin", sagte ich. „Balken habt Ihr knarren hören, sonst nichts. Und nun lasst mich gehen. Es gibt …"

Sie unterbrach mich.

Dass die Menschen dieser Gegend keinen Respekt mehr vor uns Mönchen der Reichenau haben, würde ich gerne auf die Zeiten schieben, auf die Bauernkriege, die hier vor wenig mehr als einem Jahrzehnt tobten, auf den Doktor Luther und seine neue Lehre. Aber die Wahrheit ist, dass der Verlust aller Achtung gegenüber dem Orden von uns redlich verdient wurde, gerade und vor allem von Markus von Knöringen. Gott sei seiner Seele gnädig, denn ich kann es nicht sein.

„Ihr wollt das Haus in Radolfzell doch verkaufen, um die Schulden des Klosters zu verringern, oder etwa nicht? Lasst Euch gesagt sein, Prior Dietz, das kauft kein Mensch, wenn's heißt, dass es dort spukt, und steht's erst ein paar Jahre leer, dann müsst Ihr obendrein noch für die Wiederherstellung zahlen, ehe Ihr es losbringt."

Damit hatte sie durchaus recht. Ich gab mir einen Ruck. Schließlich würde es nicht mehr als ein wenig Zeit kosten, mit der Fischerin nach Radolfzell zu gehen, dort etwas Weihwasser zu verspritzen und Gebete zu sprechen, um ihre Ängste zu beschwichtigen. Dann würde sie beruhigt sein, der Verkauf des Hauses ginge vonstatten, je eher, desto besser, und niemand würde mehr von Markus von Knöringen reden.

Widerwillig erinnerte ich mich daran, wie oft ich das schon geglaubt hatte: dass die Abtei ihn endgültig los war. Dreimal war er dennoch wiedergekehrt, um sich zum einzig wahren Abt zu erklären und die Reichenau noch tiefer in den Ruin zu stürzen. Doch damals hatte er noch gelebt.

„Gut", sagte ich. „Ich werde den Geist austreiben."

Als ich zum ersten Mal die Insel Reichenau betrat, vor fast dreißig Jahren, da war ich ein junger Bursch, der gerade erst sein Noviziat hinter sich hatte. Damals war Maximilian Kaiser, er hatte Georg Fischer zum neuen Abt der Reichenau bestimmt, einen ehemaligen Bauernsohn, gerade so wie ich einer war. Alle waren wir Söhne von Bürgern oder Bauern, wir neuen Mönche, und fest entschlossen, die Reichenau zu retten, wie uns der Kaiser aufgetragen hatte. Was uns dort erwartete, waren zwei adlige Konventuale, die einzig noch von der früheren hochadligen Klostergemeinschaft übrig waren: Markus von Knöringen und Januarius von Reischach. Die sagten uns, dass die Reichenau von alters her das Recht hatte, ihren Abt selbst zu wählen, und da sie die beiden letzten Konventsherren wären, hatten sie untereinander ausgemacht, dass Markus von Knöringen Abt sein würde. Wir einfaches Mönchsvolk hätten keinerlei Recht, anders zu entscheiden.

Abt Georg, der mit uns angekommen war, Gott hab ihn selig, setzte sich trotzdem durch, doch nur um den Preis, dem Knöringer Einkünfte für seinen Verzicht zuzugestehen. So kam der verfluchte Hund auf den Geschmack …

Ich weiß, ich sollte mit christlicher Nächstenliebe an ihn denken, denn er ist tot, aber auch lügen soll ich nicht, doch es ist nun einmal wahr: Wenn ich die Wahl hätte, in einem Boot mit einem der Muselmänner zu sitzen, die unser Kaiser im Mittelmeer bekriegt, oder mit Markus von Knöringen, so würde ich den Türken wählen, und sei's um die Gefahr, dass er mir mit seinem Säbel das Haupt abschlägt.

Was waren wir voll Hoffnung, damals … Harte Arbeit hat keiner von uns gescheut, schließlich waren wir keiner feinen Leute Kinder. Gewiss, die Abtei war tief verschuldet, doch, so meinte Abt Georg, das ließe sich wieder ändern, mit gutem Willen und fleißigem Tun, ganz wie es der heilige Benedikt einst vorgeschrieben hatte.

Mir schlug das Herz höher, als ich zum ersten Mal die Bibliothek sehen durfte, obwohl sie in einem traurigen Zustand war. Bücher habe ich immer geliebt, ich habe auch selbst eines geschrieben, ein *Breviarium Benedictinum* für unsere Zeit. Der Knöringer, Sohn alten schwäbischen Adels, hat sich stets darüber lustig gemacht und nicht glauben wollen, dass ein Bauernsohn das geschriebene Wort lieben könnte, geschweige denn selbst schreiben. Er hat zur Universität gehen sollen, damals, als der letzte hochadlige Abt starb und sein Freund Januarius ihn in das Amt wählte. Geld genug war da, von seiner Familie, für ein Studium, doch war er viel zu faul im Denken. Nur wenn es darum ging, bei seinen Verwandten wider uns einfache Mönche zu klagen, da war er flink genug mit seinem Maul.

Markus von Knöringen war ein übler Geselle, doch ich darf nicht ungerecht sein … Er war nicht der einzige Grund dafür, warum es uns doch nicht gelang, die Lage der Abtei über den leider viel zu frühen Tod von Abt Georg hinaus zu verbessern.

Schon lange hatten die Bischöfe von Konstanz voll Gier auf die Reichenau geblickt. Es war ihnen ein Dorn im Auge, dass die Äbte der Reichenau, von alters her, unabhängig von ihrem Bistum waren. Schon beim Vorgänger von Abt Georg, der die zwei adligen Jungspunde zurückließ, Markus von Knöringen und Januarius von Reischach, um sich das Kloster und all seine Ländereien als Pfründe zu teilen, dachte der damalige Bischof von Konstanz, nun sei doch gewiss seine Stunde gekommen. Dass ein Markus von Knöringen, keine dreiundzwanzig Jahr alt, dem Kloster ein Abt hätte sein können, das hat damals keiner geglaubt. Aber der verstorbene Bischof von Konstanz steckte selbst tief in Schulden, und so hat Kaiser Max ihm nicht den Gefallen getan und ihm die Abtei übereignet, sondern erst einen weltlichen Verwalter eingesetzt, damit der Knöringer studieren und ein rechter Theologe werden konnte. Doch als sich abzeichnete, dass daraus nichts wird, da hat der Kaiser nach uns Mönchen aus Augsburg und Zwiefalten geschickt, auf dass wir eine neue Gemeinschaft bilden, mit der das echte mönchische Leben auf die Reichenau zurückkehrt. So wurde Georg Abt dieser Insel, Gott hab ihn selig.

Das aber war dem alten Bischof von Konstanz so zuwider wie auch den Herren von Knöringen, dem gesamten Geschlecht, und dem Markus am allermeisten. Allerdings konnten weder der Bischof noch die Adligen etwas gegen Abt Georg sagen, hatte der doch den Kaiser Max hinter sich. Ach, Vater Abt, warum nur habt Ihr sterben und uns Mönche unter bösartigen Wölfen zurücklassen müssen?

Der jetzige Bischof von Konstanz, das ist ein ganz anderes Kaliber. Er heißt Johannes von Weeze und kam dorthin als persönlicher Abgesandter des Kaisers Karl. Zum Bischof von Konstanz wurde er vor zwei Jahren. Zum Priester geweiht jedoch ist er immer noch nicht, obwohl es dieses Jahr so weit sein soll. Manchmal versteh ich die Neugläubigen. Es heißt, Johannes von Weeze sei einer der besten Verhandler, die der Kaiser in seinen Diensten hat. Das mag wohl so sein, denn er hat Markus von Knöringen schließlich die gesamte Reichenau abgehandelt, und so wird sie wohl auf immer ein Teil von Konstanz bleiben, wenn wir den Kaiser dieses Jahr in Regensburg nicht doch noch umstimmen können.

Ehe ich mit der Magdalena Fischer die Insel verließ und nach Radolfzell ging, sagte ich ihr, dass ich noch je einmal in allen drei Hauptkirchen unserer Insel beten wolle für das Gelingen des Unternehmens. Eine direkte Lüge war es nicht. Zwar wollte ich nicht glauben, dass Markus von Knöringen uns noch nach seinem Tod heimsucht, aber ich wollte beten, dass der Schaden, den er angerichtet hatte, endlich ein Ende findet und sein Schatten nicht mehr auf die Abtei fällt.

Die Fischerin bestand darauf, mich zu begleiten, als fürchte sie, ich würde ihr sonst entwischen und nichts mehr von mir hören lassen. Sie ist ein gestandenes Weibsbild von gut sechzig Jahren und einer durchdringenden Stimme, die Oberarme immer noch stark genug, um die Wäsche im Zuber zu bearbeiten, und hat noch viele ihrer Zähne. Ein junges Weib im Haushalt von Markus von Knöringen, das wäre nie angegangen, hatte ich mir einst überlegt, und jeder Knecht, den das Kloster noch hatte, der wurde und wird dringend auf der Insel gebraucht. Natürlich hätte sich der Knöringer von seiner adligen Familie Bedienstete schicken lassen können, doch als er nicht mehr Abt der Reichenau war, da hatten sie keinen Anlass mehr gesehen, ihm noch irgendeinen Gefallen zu tun. Der Magdalena Fischer hab ich's zugetraut, dass sie zurückschreit, wenn der Knöringer den großen Herrn herauskehrt, und wie mir berichtet wurde, hat das auch geklappt, weshalb ich sie noch immer im Haus hab wohnen lassen.

Kalt war es im Münster Sankt Maria und Markus in Mittelzell, kalt in Sankt Georg in Oberzell, kalt in Sankt Peter und Paul in Niederzell. Zwar brannten Kerzen vor den Altären, dafür hatte ich gesorgt, aber es gab keine Mönche mehr, die davor beteten. Zehn von uns hat Abt Georg seinerzeit aus Zwiefalten mitgebracht. Vier sind mir noch geblieben. Die andern hat der Knöringer verscheucht, und junge Novizen sind nicht mehr hinzugekommen, Gott sei's geklagt. So hörte man einen jeden Schritt von der Fischerin und mir widerhallen. Sie schlug das Kreuz. Sonst war sie wohl nur zum großen Markusfest hier, wenn viel Volk vom Bodensee die Kirchen füllte.

Wenn es wirklich gespenstert, dachte ich, dann bestimmt doch hier, auf der Insel, wo ich so oft die Schatten der Vergangenheit fühle, wie sie mir über die Schultern blicken. Zu seinen Glanzzeiten soll unser Kloster an die achtzig Mönche gezählt haben, nicht mitgerechnet Laienbrüder, Besucher und Dienerschaft. So habe ich es allerdings nie erlebt. Wir zehn aus Zwiefalten und Augsburg haben stets im Mittelzeller Hauptgebäude gewohnt und die beiden Adligen, der Knöringer und sein Freund Januarius, in dem herrschaftlichen Gebäude in Niederzell, weil sie sich zu gut für alles andere waren. Aber manchmal, wenn ich in Sankt Georg neue Kerzen aufstellte und den Boden schrubbte, da war mir, als hörte ich Geraune aus alter Zeit. Und einmal, als ein Mitbruder und ich versuchten, den Klostergarten wiederherzustellen, da war mir, als hörte ich ein fröhlich Lied, von dem ich später herausfand, dass es geschrieben war vom großen Walahfrid Strabo, vor vielen Jahrhunderten.

Einbildung, denke ich heute zumeist. Nur hin und wieder meine ich, es hätte sein können, dass Gott der Herr mir einen Blick durch den Vorhang der Zeit gestattet hat.

Als Abt Georg starb, da wählten wir Brüder den bisherigen Subprior Gallus zum neuen Abt. Sofort erhoben Markus von Knöringen und Januarius von Reischach ein großes Geschrei. Wir seien nicht von Adel, so sagten sie erneut, und hätten somit kein echtes Wahlrecht. Der einzig rechte Abt könne nur Markus von Knöringen sein, gewählt von den einzig wahren Mönchen, nämlich ihnen beiden.

„Nicht für immer hab ich auf meine Rechte verzichtet", sagte der Knöringer grinsend und verwies auf den Adel im Hegau, der hinter ihm stand. Kaiser Max war schon im Januar des gleichen Jahres gestorben, das uns Abt Georg nahm, und seinen Enkel Karl, der ein neunzehnjähriger Jüngling im fernen Hispania war, den kannte niemand. Der Hof in Innsbruck hat uns nicht geholfen. So floh Abt Gallus von der Insel, um sein Leben fürchtend, und Markus von Knöringen saugte sich ein weiteres Mal an unserer Reichenau voll wie ein Blutegel.

Bitter war's, ihn *Vater Abt* zu nennen. Ich und der Bruder Kustos weigerten uns, und er sperrte uns ein in unsere Zellen, mit Knöringers Kriegsknechten davor, bis wir nachgaben. Wenn ich mir je eingebildet hatte, ich könnte wohl die Stärke eines Märtyrers zeigen und eher sterben, als mich dem falschen Herrn beugen, so wusste ich es nun besser.

Damals verlor ich die ersten Gefährten. Als der Bauernkrieg auch auf die Reichenau kam, da gingen zwei von uns mit den Bauern und kamen nimmer zurück. In unserm Buch hab ich sie als gestorben verzeichnet, auf dass ihre Familien nicht bestraft würden. Aber die Wahrheit ist, dass Bruder Anselm zu mir sagte, der Ruf „Als Adam grub und Eva spann, wo war denn da der Edelmann?", der käme auch aus seinem Herzen und nicht länger könne er einem Herrn wie Markus von Knöringen dienen.

„Du dienst Gott", erwiderte ich. „Und den Menschen. Der Knöringer ist ein übler Herr, doch er ist sterblich. Wenn wir nur ein paar Jahre durchhalten, dann holt ihn der Teufel und wir können die Reichenau wieder zu einem Kloster machen, wie es sein soll. Lass uns nicht im Stich, Bruder."

„Brüder sind mir die Bauern", gab er zurück und ging. Nie habe ich erfahren, was aus ihm wurde. So viele sind gehenkt worden, bei den Neugläubigen nicht minder als unter den Fürsten alten Glaubens, hat doch der Doktor Luther selbst den Fürsten gesagt, sie mögen ohne Gnade walten um der Ordnung willen. Als ich das hörte, da war ich froh, selbst kein Lutherscher geworden zu sein. Es gibt durchaus viel bei der Mutter Kirche zu erneuern, doch ein entlaufener Mönch, der Bauern an den Galgen wünscht, um seinen Fürsten zu gefallen, der ist der Rechte nicht, um hier das Ruder zu führen.

„Fischerin", sagte ich zu der Magdalena, während wir beide auf der Fähre standen, in Gedanken bei den Toten vom Bauernkrieg, „seid Ihr denn sicher, dass es Markus von Knöringen ist, der als Gespenst umgeht? Auch bei Euch in Radolfzell hat der Aufstand so manchen Toten hinterlassen. Eine arme Seele, die gewaltsam ums Leben kam, die taugt doch eher zum Geist als ein alter Mann, der einen natürlichen Tod fand."

Sie warf mir einen scharfen Blick zu. „Da ist nichts Natürliches dran, wenn einen der Teufel holt", entgegnete sie. „Was meint Ihr denn, warum der Herr von Knöringen das Jahr nicht überlebt hat, in dem er die Abtei an den Konstanzer Bischof verschacherte? Simonie war das, und dass man für so eine Sünde in die Hölle fährt, das weiß selbst ein altes Weib wie ich!"

Ganz gewiss wusste sie es, nachdem Simonie, der Verkauf von geistlichen Ämtern, eines der Hauptübel war, die landauf, landab beklagt wurden, seit der Luther anfing, seine Thesen unters Volk zu bringen. Doch wenn der Teufel den Knöringer dafür geholt hätte, so hätte er dies schon vor vielen Jahren tun können, als der Kerl zum ersten Mal seinen Freund Januarius dafür bezahlte, sich Abt nennen zu dürfen. Überdies gehören zu jedem Geschäft ein Käufer und ein Verkäufer. Seine Exzellenz der Bischof von Konstanz wird zum Kauf der Reichenau eine Erklärung abgeben müssen in Regensburg, so hoffe ich wenigstens.

Von all dem sagte ich nichts zu der Frau neben mir. Wir leben in bösen Zeiten. Bisher erschien sie mir immer als eine ehrliche Haut, aber sie wird ein neues Einkommen brauchen, wo der Knöringer tot ist; wenn sie das Geld nicht nötig hätte, so wäre sie nie einverstanden gewesen, ihm den Haushalt zu führen. Führe uns nicht in Versuchung, so bitten wir den Herrn. Ich will die Magdalena Fischer nicht in Versuchung führen, mich beim Bischof von Konstanz anzuzeigen, weil ich ihn der Simonie bezichtigt hätte.

„Fischerin", sagte ich daher, „Ihr und ich, wir sind eines Alters, und auch, wenn keiner von uns mehr jung ist: Greise sind wir noch nicht, so nennt Euch nicht alt."

Sie lachte.

Ihr Lachen war voll und herzlich und erinnerte mich an meine Mutter, Gott hab sie selig, die ich das letzte Mal sah, als ich meine Gelübde ablegte. „Nichts für ungut, Prior Dietz. Es ist wahr, Ihr seid noch gut zu Fuß, und ich bin's auch."

So hatte ich sie glücklich abgelenkt von Simonie und toten Äbten, die nie Äbte hätten werden dürfen. Die Fähre strebte ihrem Ziel zu und ich drehte mich um und schaute auf meine Insel, wo die ersten Obstbäume in der Märzsonne blühten und die Kirchtürme sich erhoben, ohne den Schaden zu verraten, den man nur aus der Nähe sieht. Wenn ich mich fragte, warum ich nicht längst darum gebeten habe, nach Zwiefalten zurückgehen zu dürfen oder in ein anderes Kloster, dann denk ich an diesen Anblick und weiß es wohl. *O augia felix*, du selige Insel.

Das letzte Mal lebend sah ich Markus von Knöringen vor etwas mehr als einem Jahr, im Februar anno 1540. Der andere Edelmann, Januarius, war seinerzeit schon dahin. Betrauert hatte ihn niemand. Damals sagte ich zu den anderen Mönchen, jetzt müssen wir's noch einmal versuchen. Abt-Wahl ist Mönchsrecht, so war es hier in der Reichenau von Anfang an. Dass die Mönche von Adel sein müssen, das kam erst später. Aber die vier Brüder, die mir noch geblieben waren, die trugen Kleinmut im Herzen. Zu viel Bitteres war geschehen, seit sie wie ich als junge Männer frohen Muts auf die Reichenau gekommen waren. Wenn nur neue Brüder dazustießen, dachte ich, dann wär's wohl anders, doch welcher wahrhaft fromme Mann will in ein Kloster, das von einem Markus von Knöringen geführt wird?

Da hatte ich beschlossen, trotzdem mit ihm zu reden, alleine, wenn sonst keiner mit mir kam. Wie bei ihm üblich, fand ich ihn nicht in Kutte, sondern im Wams des Junkers. Er war grad dabei, einen gebratenen Kapaun an seine Hunde zu verfüttern. Ich dachte daran, wie lang es her war, dass wir die Armenspeisung wirklich als Speisung hatten durchführen können, und das Gebot der Nächstenliebe fiel mir wieder sehr schwer, soweit es Markus von Knöringen betraf.

Für gewöhnlich gab er mir nie ein gutes Wort, doch diesmal sagte er: „Ah, ausgezeichnet, dass du da bist. Es gibt glänzende Neuigkeiten. Dietz, lang werde ich dein hässliches Bauerngesicht nicht mehr ertragen müssen."

„Dann seid Ihr willens, als Abt zurückzutreten?", fragte ich und wollte meinen Ohren nicht trauen. Zwar hatte er das schon zweimal getan, doch jedes Mal nur gegen eine saftige Abfindung, und eine solche konnten wir fünf Brüder ihm nicht bieten.

„Gewiss", gab er zurück. „Aber mach dir keine Hoffnungen. Du wirst hier nicht mein Nachfolger. Auch sonst keiner von euch niedrig geborenen Trampeln."

Das hieß wohl, dass er ein Mitglied seiner Familie dafür gewonnen hatte, in den Orden einzutreten. Aber, dachte ich, da hatte er sich verrechnet. Wenn all der Krieg und Aufruhr durch die letzten Jahrzehnte ein Gutes hatte, dann, dass endlich Bewegung in die Angelegenheiten der heiligen Mutter Kirche gekommen war. Der Kaiser hielt die Lutherschen für Ketzer, aber er unterstützte das Bemühen um Reform und forderte schon seit Jahren, der Heilige

Vater möge eine Synode einberufen. Wenn er uns einen neuen Abt gab, dann doch einen, wie sein Großvater, Kaiser Max, ihn ernannt hatte, einen wie Georg, Gott hab ihn selig, oder gar ein neuer Sankt Pirmin, der unserm Kloster so nottat.

„Ich weiß wohl, dass Ihr Euer Studium der Theologie nie beendet habt", erwiderte ich, denn ich wusste wohl, dass ihn dies Scheitern an der Eitelkeit kratzte, „aber selbst Ihr müsst doch die Evangelien kennen und wissen, dass die armen Hirten die ersten waren, die unsern Herrn nach seiner Geburt sahen und verehrten, gleich nach seiner Mutter und dem heiligen Joseph. Arme Leute, ehrliche Leute. Ihnen ist er erschienen. Die Könige kamen erst später, und hätten sie dem Herodes nicht von ihm erzählt, so wär die Flucht nach Ägypten nicht nötig gewesen."

„Kerl, dafür hast du Schläge verdient", zischte er.

„Ihr schlagt mich nicht", gab ich zurück, „Ihr nicht. Ihr seid zu feist, um es selbst zu tun, und außerdem wisst Ihr, dass hier einer die Arbeit erledigen muss, zu der Ihr Euch zu fein seid. Sonst ist bald kein Fleisch mehr da, nicht für die Hunde und nicht für Euch."

Zu meiner Überraschung brauste er nicht weiter auf. Stattdessen feixte er. „Nichts weißt du, Dummkopf," sagte er. „Für mich ist gesorgt, für den Rest meines Lebens. Nur deine Leichenbittermiene werde ich nicht mehr aushalten müssen oder das Glockengebimmel oder die ständigen Ermahnungen von der kaiserlichen Kanzlei. Damit kann sich jetzt dieser Däne herumschlagen, der Johannes von Weeze, und wohl bekomm's ihm."

Mir wurde sehr kalt.

„Heißt das", fragte ich tonlos, „Ihr seid zugunsten des Bischofs von Konstanz zurückgetreten?"

Er klatschte in die Hände. „Du hast's erfasst, Bauerntrampel. Ich muss zugeben, der hat es faustdick hinter den Ohren. In dem Vertrag, den der Bischof mich hat unterschreiben lassen, da steht auch drin, dass ich alles wieder verliere, wenn ich nach meinem feierlichen Verzicht noch einmal auf die Reichenau zurückkehre. Daran hat keiner der Vorigen gedacht. Für solche Feinheiten, das nehme ich an, ist er auch des Kaisers wichtigster Unterhändler gewesen."

Mir zuckte es in den Fingern, Gott vergebe mir. Was mich zurückhielt in diesem Moment, war weniger Christi Gebot, dem Feind auch die andere Wange hinzuhalten, als das Bewusstsein, dass zwei Knöringsche Knechte sich in Hörweite befanden.

„Schämt Ihr Euch eigentlich überhaupt nicht?", stieß ich hervor. „Das war einmal ein Kloster, von dem die ganze Welt sprach. Eine Reichsabtei, deren Abt sich vor niemandem beugen musste als dem Papst, höchstens noch dem Kaiser. Ja, sie steckte in Schulden, aber Abt Georg und uns ist es gelungen, das meiste davon abzuzahlen. Als er starb, da hatten wir jährliche Einnahmen von 160 Gulden Ewigzinsen, 418 Gulden Steuern aus den Flecken, 140 Gulden See- und Weiherzinsen, 150 Gulden Frevelgelder und Gelässe, 306 Maltern Korn, 271 Maltern Roggen, 222 Maltern Vesen, 332 Maltern Hafer, 146 Fudern Wein, 59 Pfund Pfeffer, 138000 Gangfische, 40 Felchen, 368 Zinshühner, 400 Fastnachthühner und 5000 Eier. Und jetzt?"

„Jetzt sehe ich einem ruhigen Lebensabend entgegen, ohne nörgelnde Mönche", sagte er selbstgefällig. „Mit 14000 Gulden im Jahr, reichlich Korn und Wein obendrein. Wenn du dich weiter abrackern willst, Dietz, dann ist das deine Sache. Aber irgendwer wird es wohl tun müssen, bei den Schulden, die ich Euch hinterlasse."

Nein, Markus von Knöringen kannte keine Scham, nur seine Gier. Ihn kümmerte es nicht, dass die Reichenau nach achthundert Jahren ihre Unabhängigkeit verlor und Besitz des Bistums Konstanz wurde, wo man die Reichenauer nie geliebt hat.

„Ihr müsst Eurer Familie wirklich sehr zuwider gewesen sein", meinte ich.

Sein Grinsen wich ihm aus dem Gesicht. „Was sagst du da, du Schuft?"

„Es ist mir schon verständlich", entgegnete ich, „dass die Herren von Knöringen unsere Reichenau zur Pfründe ihrer Familie machen wollten. Aber bei einem solch hochadligen Geschlecht muss es doch viele Sprösslinge geben, darunter auch solche, die zumindest den Schein von Frömmigkeit fertiggebracht hätten, und vielleicht sogar den einen oder anderen, der rechnen und arbeiten kann. Schließlich war einer Eurer Vettern Hauptmann des Schwäbischen Bundes. Wenn das Haus derer von Knöringen also fähigere Männer als Euch hervorgebracht hat, der Ihr für ein geistliches Leben so gänzlich ungeeignet seid und es immer schon wart, dann kann es nur eine Erklärung dafür geben, dass man Euch nicht schon längst durch einen anderen Knöringer ersetzt hat. Es graut Eurer Familie ganz offensichtlich vor der Aussicht, Euch bei einem von ihnen leben lassen zu müssen."

Er schlug mit der Faust auf den Tisch, hinter dem er saß. Seine Hunde ignorierten das Getöse; sie waren noch damit beschäftigt, den Kapaun unter sich aufzuteilen.

„Du wagst es!"

„Keiner von ihnen ist bereit, Euch bei sich aufzunehmen, nicht wahr?", fragte ich. Es war offensichtlich, dass ich ins Schwarze getroffen hatte, und in mir war kein Funke Mitleid, Gott helfe mir. „Ihr habt den Bischof darum anflehen müssen, Euch ein Haus in seinem Bistum, seinem schönen, nunmehr erweiterten Bistum für diesen Lebensabend zuzuteilen, den Ihr so sehr genießen wollt."

Mittlerweile färbten sich seine Wangen purpurrot.

„Für diese Unverschämtheit sollst du bezahlen, Dietz! Ich verlange alles Silber, das sich noch auf der Reichenau befindet, ehe ich hier weggehe, hörst du! Tafelsilber, Hausrat, Messbecher, alles!"

„Judas hat sich seinerzeit mit dreißig Silberstücken zufriedengegeben", sagte ich. „Es heißt, dass man sie unter seinem Leichnam verstreut fand, nachdem er sich erhängte. Oft habe ich mich gefragt, ob es die Reue war, die ihn dazu brachte, oder vielmehr das Wissen darum, allein zu sein und verachtet für den Rest seines Lebens."

Er brüllte hinter mir her, während ich sein Gemach verließ. Das war das letzte Mal, dass ich ihn lebend sah. Das gesamte Silber des Klosters hat er tatsächlich mitgenommen.

Radolfzell, auf dem Festland, wurde einst von Bischof Radolf von Verona gegründet, dem gleichen Radolf, der die Reliquien des heiligen Markus auf die Reichenau brachte. Viele Jahrhunderte lang hat es zu der Abtei gehört, bis es vor etwa zweihundertvierzig Jahren an die Habsburger verkauft wurde. Natürlich ist das Haus, in dem Markus von Knöringen bis zum Dezember des letzten Jahres lebte, nicht der frühere Sitz des seligen Radolf nahe der Kirche. Er wohnte in einem dreistöckigen Stadthaus.

„Sagt mir, dass sich sein Schlafgemach im obersten Stockwerk befand", murmelte ich, ehe ich mir's versah, und die Fischerin schnaubte belustigt.

„Gewiss nicht. Treppen täglich auf und ab zu laufen, das ist nur etwas für den Knecht und für mich gewesen, Prior Dietz."

„Dann sind die Räume zuoberst gewiss frei von allen Gespenstern", gab ich zurück, „und ich muss mich nur um die Straßenebene kümmern."

„Und um den Keller", fügte sie sofort hinzu. „Geht auch in den Vorratskeller, wo wir all das gepökelte Fleisch und den Wein für den Herrn verstauen mussten."

„Er hat wohl viel getrunken?", fragte ich und hatte noch seine Prahlerei im Ohr, der Bischof habe ihm reichlich Wein und Korn für den Rest seines Lebens garantieren müssen, zusammen mit all den Gulden.

Magdalena Fischer zuckte mit den Achseln. „Gelegentlich hat er mit dem Trinken aufgehört", sagte sie, und die Belustigung war aus ihrer Stimme verschwunden. „Doch das waren keine guten Tage."

Zum ersten Mal fragte ich mich, ob ich recht daran getan hatte, sie für den Haushaltsposten abzustellen. Gewiss, die Fischerin hatte unter den Weinbauern der Reichenau den Ruf, Haare auf den Zähnen zu haben, und niemand, der ihr je begegnet war, hätte das bestritten. Sie war über das Alter hinaus, in dem man um ein Weib in der Nähe eines unbeherrschten Mannes fürchten muss. Aber Markus von Knöringen hatte andere Arten gekannt, jene zu verletzen, die unter ihm dienten, wie ich nur allzu gut wusste. Auch wenn man bezahlt wird: Kein Mensch hört gern von morgens bis abends Beschimpfungen. Wir Mönche hatten einander gehabt. Magdalena Fischer war seit Jahren eine kinderlose Witwe; deswegen brauchte sie ja das Zubrot. Wen hatte sie gehabt?

Wenn Markus von Knöringen ein Talent neben seiner maßlosen Gier besessen hatte, dann das, Menschen zu kränken, herabzusetzen, ihnen stets aufs Neue ihre Unwürdigkeit in seinen Augen vorzuwerfen. Deswegen war ich mir seinerzeit auch so sicher gewesen, dass kein Mitglied derer von Knöringen, so gern sie die Einkünfte der Reichenau auch geteilt hätten, willens sein würde, ihn für immer bei sich aufzunehmen. Von Februar bis Dezember, als er gestorben war, hatte er sehr viel Zeit gehabt, seine Zunge an Magdalena Fischer zu wetzen. Wenn sie ihm dafür Abführmittel ins Essen mischte, die ihn an den Nachttopf fesselten, dann hat es ihr nie jemand beweisen können.

„Fischerin", sagte ich bestürzt, während sie mit ihren großen Schlüsseln das Haus aufsperrte, „wenn Ihr gelitten habt unter dem Mann, dann hättet Ihr's mir sagen müssen."

Sie blieb stehen und stemmte die Hände in die Hüften.

„Und was hättet Ihr wohl getan, Prior Dietz? Als er noch bei Euch auf der Insel weilte, seid Ihr nicht mit ihm fertig geworden. Deshalb sage ich Euch jetzt, Ihr müsst ihn für mich loswerden. Endgültig."

Plötzlich sah ich ihre Bitte mit anderen Augen, und zum ersten Mal seit langer Zeit erfasste mich eine Ahnung von dem, was Gott im Sinn für mich haben musste. Ich hatte mir immer eingebildet, ein so guter Mönch zu sein, wie Markus von Knöringen ein schlechter war. Aber auch ich hatte aus den Augen verloren, was einen Diener Christi wirklich ausmachte. Ja, es war bitter, dass die Reichenau nun nur noch eines von vielen Besitztümern des Bistums Konstanz war. Aber vielleicht brachte just das wieder Demut zurück und Mönche, die nicht nach Pfründen gierten. Glaubte ich denn wirklich, dass der Kaiser, selbst wenn es mir gelang, in Regensburg von ihm empfangen zu werden, einem langjährigen geschätzten Diener wie Johannes von Weeze die Abtei, die dieser hatte haben wollen, wieder wegnehmen würde, der Kaiser, für den jeder altgläubige Fürst im Reich wichtig war als Gegengewicht zu den Neugläubigen, die gerade in dieser Gegend immer mehr wurden? Ja, es war eine Schande, dass einer wie der Knöringer sich je Abt hatte nennen dürfen. Aber statt immer noch darauf zu beharren, das Rad der Zeit rückwärts zu drehen und meinen eigenen Groll über Markus von Knöringen zu pflegen, hätte ich die Augen aufsperren und nach jenen schauen müssen, die er verletzt hatte und denen ich jetzt vielleicht helfen konnte, wie Magdalena Fischer.

Ja, ein Gespenst ging umher … Ein Gespenst der Selbstsucht, des Ärgers und des Grolls, wo doch Nächstenliebe herrschen sollte. Liebe deinen Nächsten wie dich selbst, spricht der Herr. Darin bestehen das Gesetz und die Propheten.

„Das will ich, Fischerin, und das werd ich", entgegnete ich. Ich ging mit ihr von Raum zu Raum und sprach meine Gebete. Die Luft in den Räumen war abgestanden, und obwohl man sehen konnte, dass sie als Haushälterin darauf geachtet hatte, alles gründlich zu säubern, lag etwas Beklemmendes in jedem Raum.

„Er ist im Dezember gestorben, und jetzt ist es März", sagte sie. „Es war bisher immer zu kalt, um wirklich auszulüften, wenn man nicht alle Wärme verlieren wollte. Schließlich ist kein neues Feuerholz gekommen, seit er tot ist."

„Aber Ihr lebt noch hier!"

„Es ist ein besseres Haus als meins und viel näher am Markt", gab sie sachlich zurück. „Solang's noch nicht verkauft ist, schadet das keinem, hab ich gedacht. Außerdem hab ich meins an den Schwätzinger Ulrich vermietet, als ich hier Haushälterin wurde, und der hat noch nichts Neues für sich und seine Familie gefunden."

Wenn es nach mir ginge, dann würde sie hier bleiben können, aber ich wusste nicht, welche Pläne der Bischof für dieses Haus hatte.

„Der Schwätzinger ist ein Zimmermann, nicht wahr?", fragte ich. „Auf der Reichenau gibt es so manches zu richten. Jetzt, wo das Bistum Konstanz das Sagen hat, gibt es gewiss bald wieder neue Mönche und Pilger auf der Insel, und niemand will, dass sie in Trümmern leben müssen. Ihr könnt dem Schwätzinger ausrichten, dass es bei uns Arbeit für ihn gibt, Kost und auch ein Dach über dem Kopf."

Sie warf mir einen schrägen Blick zu. „Dann ist es wirklich von Dauer? Die Reichenau gehört jetzt zu Konstanz? Das muss Euch schwer ankommen, Prior Dietz."

„Um die Wahrheit zu sagen, Fischerin", erwiderte ich und entdeckte zu meiner Überraschung, dass ich nicht log, „will ich nach all den üblen Erfahrungen nur einen gnädigen Herren für unsere Gemeinschaft. Einen, der uns Gottes Werk tun lässt. Ob das nun ein Abt oder Bischof ist, ist mir nicht länger so wichtig wie, dass er es tut."

„Ein gnädiger Herr wäre auch für mich eine schöne Abwechslung", meinte sie, und vielleicht bildete ich mir die kleine Spitze in ihren Worten auch nur ein.

„Ob der Bischof dieses Haus selbst nutzen oder verkaufen wird, das weiß ich nicht. Aber ich weiß, dass eine gute Köchin wie Ihr in seinem Haushalt gewiss willkommen wäre, zumal in diesen Tagen. In Regensburg findet ein Reichstag statt, und es sollte mich nicht wundern, wenn der Bischof vorher von allen Edelleuten in der Gegend besucht wird, damit er ihre Petitionen vor den Kaiser bringen kann. Da wird sein Haushalt für weitere kundige Hände mehr als dankbar sein bei all den Gastmählern, die das nach sich ziehen wird. Wenn Ihr wollt, schreib ich Euch eine Empfehlung."

Ein Lächeln stahl sich auf ihre Lippen. „Schlecht wäre das nicht. Danke Euch, Prior Dietz."

Mittlerweile hatten wir fast alle Zimmer des Hauses mit Gebet und Weihwasser besucht. „Müssen wir wirklich noch in den Keller?", fragte ich. „Ich mag's mir ja einbilden, Fischerin, doch mir scheint, der Schatten des Knöringers hat sich von diesem Haus gehoben."

Sie kniff die Augen zusammen, und einen Moment lang dachte ich, sie würde mir erzählen, dass sie ihn immer noch stöhnen hörte, dort unten. Aber stattdessen schüttelte sie den Kopf.

„Prior", gab sie zurück, „das geht mir auch so. Ihr seid fürwahr stark im Glauben, und Eure Gebete haben gewirkt. Jetzt ist er endlich fort."

„Jener vorhin genannte Ort unseres Wirkens nimmt freilich den ersten Rang in diesen Gegenden der Erde ein. Er ist der heiligen und reinsten Jungfrau und dem Apostelfürsten Petrus geweiht. Eine nicht geringe Schar von Männern, die nach der Ordensregel ihr Leben verbringen, ist darin vereinigt. Die Fülle ihrer geistlichen Weisheit nährt die Nachbarlande ringsum mit reichlicher Lehre."³

Walahfrid Strabo an Papst Gregor IV.

Über die Autorinnen

Caren Benedikt ist das Pseudonym der Bestsellerautorin Petra Mattfeldt. Sie liebt den Norden, eine steife Brise und das Reisen an die Orte, über die sie schreibt. Die Schriftstellerei ist inzwischen ihr Hauptberuf. Sie ist verheiratet, Mutter dreier erwachsener Kinder und lebt in einem kleinen Ort in der Nähe von Bremen.
https://petra-mattfeldt.de

Sabine Ebert, 1958 in Aschersleben geboren, lebt und arbeitet in Dresden. Sie war als Journalistin und Sachbuchautorin tätig und begann aus Passion Romane zu schreiben, die allesamt zu Bestsellern wurden. Ihr Debütroman ‚Das Geheimnis der Hebamme' wurde als Event-Zweiteiler verfilmt. Nach den beiden Pentalogien ‚Hebammen-Saga' und ‚Schwert und Krone' wandte sie sich der Völkerschlacht bei Leipzig 1813 zu. 2023 kehrte sie mit ‚Der Silberbaum' thematisch ins deutsche Hochmittelalter zurück.
https://www.sabine-ebert.de

© Franziska Pilz

Heidrun Hurst, geboren 1966 in Kehl am Rhein, ging schon als Kind gerne mit Hilfe von Büchern auf Reisen in fremde Welten und ferne Zeiten. Ihr Hunger nach geschriebenen Abenteuern und Literatur wurde schließlich so groß, dass sie sich einige Jahre später selbst dem Schreiben widmete. Seitdem veröffentlicht sie historische Romane, für die sie mit Leidenschaft und Neugier tief in die Recherche längst vergangener Zeiten eintaucht. *https://heidrunhurst.de*

Tanja Kinkel ist eine der erfolgreichsten deutschen Autorinnen. Neben historischen Romanen schreibt sie Thriller, Kinder- und Jugendbücher, Fantasy- sowie Gegenwartsliteratur und Essays. Für die Anthologie war sie federführend als Herausgeberin tätig und hat die Geschichte der Reichenau in Kooperation mit dem Badischen Landesmuseum aufwendig recherchiert. *https://www.tanja-kinkel.de*

© Gisela Schober

Iny Lorentz, unter diesem Pseudonym schreibt das Ehepaar Iny Klocke und Elmar Wohlrath historische Romane. Aus ihrer Feder stammt auch ‚Die Wanderhure', die sowohl als Fernsehfilm wie auch als Theaterstück umgesetzt wurde. Neben Romanen schreiben sie auch gerne Kurzgeschichten über historische Themen.
https://www.inys-und-elmars-romane.de

Carmen Mayer, geboren und aufgewachsen im württembergischen Mühlacker, lebt mit ihrem Mann, ihrer Tochter und deren Familie in Ingolstadt/Bayern. Sie schreibt vor allem historische Romane, Krimis und mundartliche

© Christine Olma

Theaterstücke und schaffte es mit ihrer Roman-Trilogie aus dem Dreißigjährigen Krieg zur Bestsellerautorin. Sie ist aktives Mitglied bei den Mörderischen Schwestern e.V. und bei HOMER - Historische Literatur. *https://www.autorin-carmen-mayer.com*

Heidi Rehn, geboren und aufgewachsen im romantisch-geschichtsträchtigen Mittelrheintal, kam zum Studium der Germanistik und Geschichte nach München. Mit Romanen über die gesellschaftspolitischen Entwicklungen in der ersten Hälfte des 20. Jahrhunderts am Beispiel 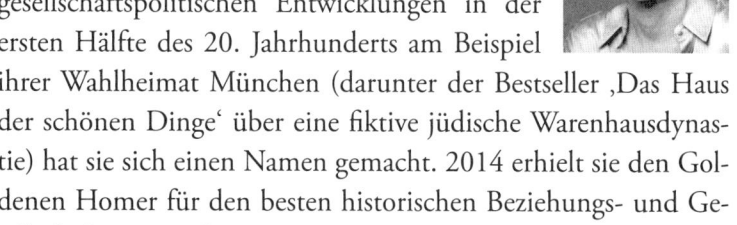 ihrer Wahlheimat München (darunter der Bestseller ‚Das Haus der schönen Dinge' über eine fiktive jüdische Warenhausdynastie) hat sie sich einen Namen gemacht. 2014 erhielt sie den Goldenen Homer für den besten historischen Beziehungs- und Gesellschaftsroman. *https://www.heidi-rehn.de*

Juliane Stadler studierte in Heidelberg Ur- und Frühgeschichte, Archäologie und Alte Geschichte und promovierte über keltische Bestattungssitten. Nach beruflichen Stationen in Forschung, Lehre und Wissenschaftsredaktion verlegte sie sich aufs belletristische Schreiben. Ihr Debüt  ‚Krone des Himmels', das mit dem Silbernen Homer ausgezeichnet wurde, schaffte auf Anhieb den Sprung auf die Bestsellerliste. Zusammen mit ihrer Familie lebt sie in der Domstadt Speyer. *https://julianestadler.de*

Anmerkungen

1 Bergmann, Die Dichtung der Reichenau im Mittelalter, in: Die Kultur der Abtei Reichenau, München 1925, Bd. II, S. 728 (Übersetzung nach P. v. Winterfeld).
2 Lobpreis der Reichenau im Brief des Ermenrich von Ellwangen an den St. Galler Abt Grimald, frei ins Deutsche übersetzt von Joseph Victor Scheffel in seinem Roman „Ekkehard".
3 B. Bischoff, Eine Sammelhandschrift Walahfrid Strabo's, Cod. Sangallensis. 878, in: Aus der Welt des Buches, Leipzig 1950, S. 30 ff.

Bibliografische Information der Deutschen Nationalbibliothek:
Die Deutsche Nationalbibliothek verzeichnet diese Publikation in der Deutschen
Nationalbibliografie; detaillierte bibliografische Daten sind im Internet über
http://dnb.d-nb.de abrufbar.

Klimaneutrale Produktion.
Gedruckt auf umweltfreundlichem, chlorfrei gebleichtem Papier.

© 2024 Bonifatius GmbH Druck | Buch | Verlag, Paderborn
Alle Rechte vorbehalten. Das Werk darf – auch teilweise – nur mit Genehmigung
des Verlags wiedergegeben werden, denn es ist urheberrechtlich geschützt.

Mit freundlicher Unterstützung des Mit-Herausgebers:
Badisches Landesmuseum, Karlsruhe.

Umschlaggestaltung: Weiss Werkstatt München, *werkstattmuenchen.com*
Umschlagabbildung: © unter der Verwendung von einer Buchillustration der Meister
der Reichenauer Schule aus dem Perikopenbuch Heinrichs II., Szene: Verkündigung
an die Hirten und einem Gemälde von 1738 im nördlichen Seitenschiff des Münsters.
Vor- und Nachsatz: © Plan der Insel Reichenau. Kolorierte Federzeichnung von 1627 in
Heinrich Murers Kopie der Chronik des Klosters Reichenau von Gallus Oeheim. Thurgauer
Kantonsbibliothek Frauenfeld.
Initialen im Innenteil: paseven/AdobeStock
Satz: Bonifatius GmbH, Paderborn
Lektorat: Tanja Kinkel, Stefan Rüth
Druck und Bindung: CPI books GmbH, Leck
Printed in Germany

3. Auflage 2024
ISBN 978-3-98790-037-2

Weitere Informationen zum Verlag:
www.bonifatius-verlag.de